17目標のアイコン
末尾のアイコンはカラーホイールを示す。目標とターゲットの全文は巻末付録を参照のこと。以下はアイコン記載のキャッチコピーである。

1. 貧困をなくそう
2. 飢餓をゼロに
3. すべての人に健康と福祉を
4. 質の高い教育をみんなに
5. ジェン　　等を実現しよう
6. 安全な　　　中に
7. エネ
　　そ
8. 働
9. 産
　　つく

10. 人や国の不平等をなくそう
11. 住み続けられる
　　まちづくりを
12. つくる責任つかう責任
13. 気候変動に具体的な対策を
14. 海の豊かさを守ろう
15. 陸の豊かさも守ろう
　　と公正をすべての人に
　　ナーシップで目標を
　　しよう

SDGs採択前夜の国連ビルでのプロジェクションマッピング（ニューヨーク、2015年9月22日）[1]

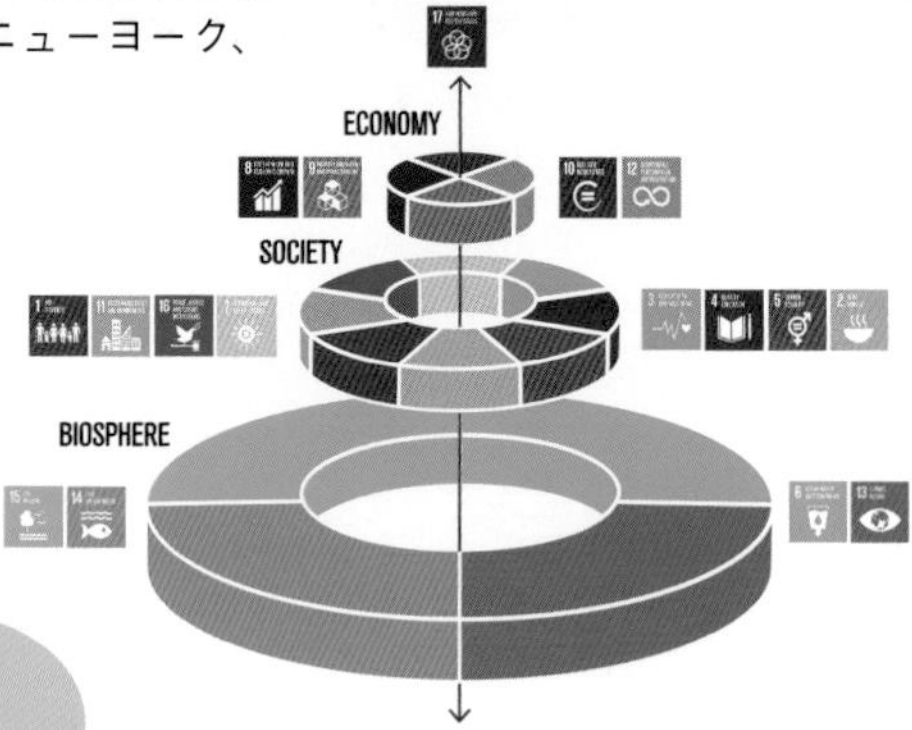

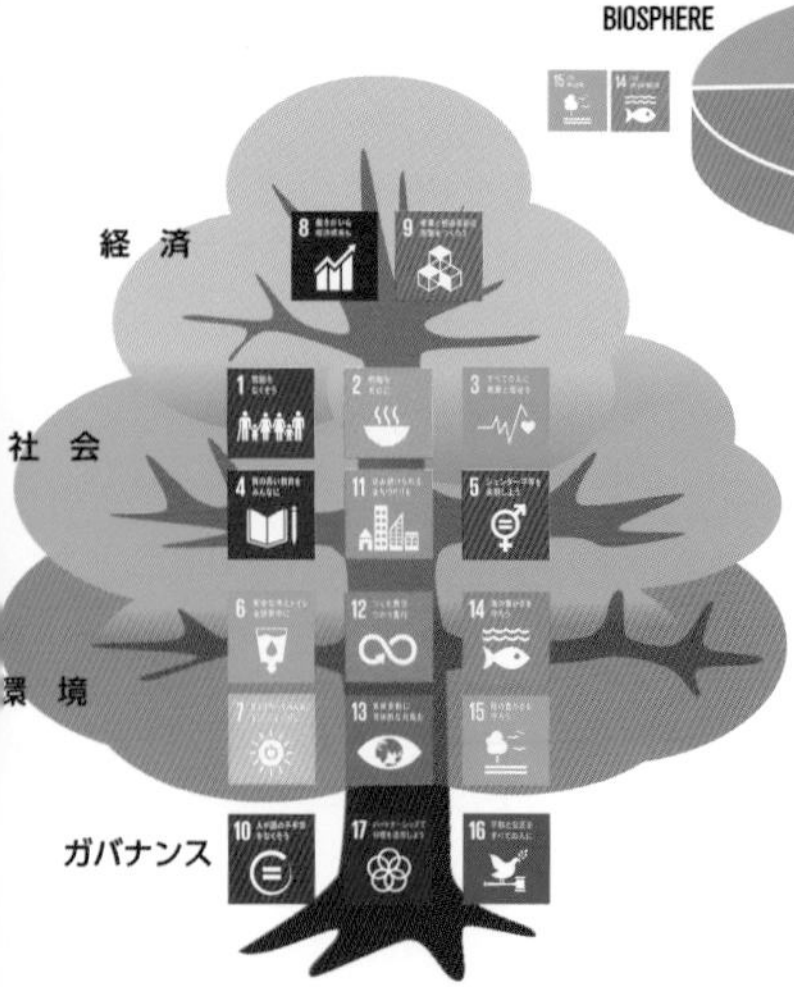

（上）経済・社会・環境を3層構造で示したウェディングケーキの図[2]
（左）SDGsの3層構造を表現した木の図[3]

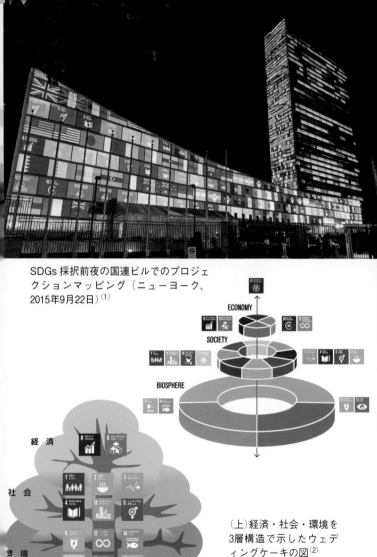

中公新書 2604

蟹江憲史著

SDGs（持続可能な開発目標）

中央公論新社刊

はじめに　世界の課題と日本の課題

新型コロナウイルスとＳＤＧｓ

２０２０年初頭、新型コロナウイルス（COVID-19）の影響が世界を襲った。当初は中国武《ぶ》漢《かん》の局地的問題だと多くの人が感じたこの感染症は、グローバル化によって、人と人、人とモノの接触が大幅に増えるなか、急速に世界各地へと広がっていった。

感染症による健康や医療の問題は、感染症の拡大を防ぐため、人々の活動や移動の制限へとつながる。そして活動や移動の制限は、経済活動の縮小や停止へと連鎖する。イベントの自粛などは企業の収益に直接的に影響し、場合によっては企業活動が持続できない、すなわち倒産してしまう事例も出た。

個人レベルにも影響は及ぶ。学校が休校になると、子どもの世話をするために親の仕事に影響が出る。自宅で勤務が可能な職種であればまだしも、職場でしか仕事ができない職種や、非正規雇用者で仕事を休むことがそのまま収入減につながる場合には、直接的に収入の持続性の喪失や、貧困の問題へとつながる。感染者の多い国はどこかという情報が高じて、不当な差別につながるケースもあった。

健康問題に端を発するこの問題は、経済や人権問題へと連鎖することになる。

さらには、対策として使用される使い捨てマスクは、廃棄物を増加することになり、それらを燃やして処理するということになれば、二酸化炭素のさらなる排出という環境問題へとつながる。

この負の連鎖を断ち切ることは、すなわち、経済、社会、環境を持続可能にしていくことと同義である。新型コロナウイルス対策で人の命や健康の持続可能性を高める。そのことが起点となって、経済や地球も持続可能になることにつながっていく。持続可能な社会が実現すれば、仮に感染症が広がったとしても、その影響を最小限にしたり、「元に戻る」力が備わっているはずである。

本書で取り上げるＳＤＧｓ（Sustainable Development Goals）、すなわち持続可能な開発目標は、２０１５年の国連総会で全加盟国が合意し、２０３０年までにそのような社会を実現することを目指している。感染症への対処、ワクチンなど医薬品の開発、「元に戻る」ためのレジリエント（復元力の高い）なインフラ構築、差別の撤廃、廃棄物の大幅削減、そして貧困の解消。これらはすべてＳＤＧｓの目標に含まれている。

課題の連鎖

課題が次から次へと連鎖するのは、新型コロナウイルスの影響にとどまらない。21世紀の課題の多くが、こうした負の連鎖で問題が増幅され、解決が難しくなっている。

自然災害もその一つである。

近年、毎年のように大災害が日本を覆う。夏になると「数十年に一度」の豪雨が、場所を変え、時間を変えて、局所的に日本各地を襲い、災害の爪痕《つめあと》を残す。

豪雨だけにとどまらない。月間降雨量が極端に多くなったり、あるいは逆に極端に少なくなったり、という現象も、珍しいことではなくなってしまった。台風の威力が以前にもまして大きくなったり、発生頻度が多くなったり、あるいは想定外の時期に発生する、などということも起こっている。猛暑、酷暑で40℃を超える高温が記録されたかと思えば、冷夏が襲うこともある。「季節外れの暑さ」、「季節外れの寒さ」、という言葉も、頻繁に耳にするようになった。

こうなると、農作物の栽培や収穫にも大きな影響が出る。農家には収入のうえでも大きな打撃になるし、消費者にも価格の高騰として跳ね返ってくる。あるいは場合によっては、食料が手に入らない、という事態にさえ陥る。2017年にはポテトチップスの販売が一時休止された。前年の台風の影響で、北海道のじゃがいもの収穫量が減少し、原料が調達できなくなったからである。農作物の産地が被災すると、それらを原料とする製品が製造できないといったかたちで、経済や社会に影響が出る。

このような異常気象の大きな原因が、気候変動の影響だ。「影響が出はじめてから対策を取るのでは手遅れだ」、といわれた気候変動問題だが、すでに影響を「感じる」ことができるようになっているというのは、実は、極めて恐ろしいことである。

気候変動への対策として、温室効果ガスを排出せずにエネルギーを確保するとなると、再生可能エネルギーが重要だ。再生可能エネルギーによる発電能力は、天候、場所、時間等によって変わってくることから、つくった電気を蓄えておく蓄電が必要になる。そうなると、より容量が大きく効率的な蓄電池をつくる技術も必要になり、技術開発の問題にもなる。あるいは、余った電力を施設間や建物間で融通したりして、まち全体で効率的にエネルギーを利用できる「スマートシティ」のような発想や取り組みが重要になる。まちづくりのあり方の問題にもなってくるわけである。

原子力発電もまた、温室効果ガスを排出しない発電方法である。気候変動対策のみに焦点を絞るのであれば、有効な手段になる。しかし、3・11の経験からも明らかなように、いったん災害に見舞われると、広域にわたって影響が出るだけでなく、時間を越えて、その影響が残ってしまうことが避けられない。その経済的、社会的、そして環境にかかるコストは計り知れない。さらに、放射性廃棄物を最終的にどう処分していくかという課題も残る。

世界に目を向けると、電力なしで暮らす人々は、いまだに10億人近くに上る。インフラは、いったん設置するとすぐに変えるわけにはいかなくなる。そのため、これだけの人口に、どのようなエネルギーを普及させていくかは、世界のあり方を大きく変える問題である。

災害を防ぐことは、気候変動やインフラ、エネルギーの問題でもあるとともに、格差や経済成長にも、廃棄物にも連鎖する問題なのである。

課題の連鎖から格差の拡大へ

感染症の影響拡大にしても自然災害にしても、その影響を一番大きく受けるのは、社会的弱者や貧困に苦しんでいる人々である。日本では、人口の15％を超える（２０１５年）人々が、「相対的貧困」（等価可処分所得が全人口の中央値の半分〔およそ１２０万円〕未満の世帯員）状態にある。さらに、子どもの貧困も人口の13・９％（２０１５年）に及ぶ。世界に目をやると、極度の貧困とされる、１日１・９０ドル（２１０円前後）未満で暮らす人々は、世界の人口の約11％、７億８３００万人（２０１３年）に及ぶ。「取り残され」がちな人々がより大きな影響を受けることになると、格差が広がり、社会は不安定度を増す。

日本では、格差を表す指標の一つ、ジニ係数が少しずつ上昇傾向にあり、格差の拡大が社会問題となって久しい。格差は日本のみならず先進国全体でも拡大傾向にあるというから、問題はさらに深刻だ。経済的な成功者の所得が上昇する一方で、貧困状態になるとなかなかそこから抜け出せない。国際ＮＧＯのオックスファムの２０１９年１月の発表では、世界で最も裕福な26人が、70億を超える世界人口のうち所得の低い38億人の総資産と同額の富をもっているという。とうてい健全な状態といえるものではない。東京大学の学生の親の62・７％が年収９５０万円以上で、国全体の12％程度を大きく上回っているという事実（２０１６年）は、格差が再生産され、社会のなかで固定化する恐れを如実に表している。格差は妬《ねた》みを引き起こしたり、犯罪を誘引したりする。それはテロという、社会の平和と安定を乱す、大きな不安定要因となることさえある。

格差は経済問題にとどまらない。男女の社会的な立場にも存在する。ジェンダーの問題である。国連の報告書は、女性は男性に比べて約3倍の時間を無償の家事、育児、介護に費やしているというし、また、全世界で一院制あるいは下院の国会議員に女性が占める割合は23%程度だという(2018年)。日本の現状はさらにひどい。列国議会同盟(IPU)が行った調査では、女性議員の割合は13・1%で、世界142位というありさまである(2017年)。世界経済フォーラムが行ったジェンダーギャップ指数では、日本は144ヵ国中114位である(2017年)。女性閣僚や国会議員の少なさはもとより、女性経営者も極めて少ないのが日本である。そもそも、女性活躍のためのインフラが整備されていない。保育園に入れない待機児童問題はその典型である。

これはしかし、そもそも本来は女性だけの問題ではないはずである。待機児童問題で働きに出られないのは、女性でなく男性であってもよいはずである。これを女性の問題と考えるところから、ジェンダー不平等の発想が始まる。そしてこうした不平等は、障がい者、LGBT(性的少数者)、外国人や移住者たちにも見られる。機会が平等に与えられるということは、民主主義の基本であるはずなのに、それが実現できていない。

ジェンダー平等は、雇用、教育、安全、安心といったあらゆる課題に横断的にかかわっている。

感染症の影響や自然災害といった事象が生じると、その緊急対策が最優先となり、社会に根付く根本的課題は後回しにされがちである。こうして、課題は解決されないままどんどん置き去りにされ、社会のなかにさらに「根付いて」しまうことになる。

何かがおかしくなっている。何かを大きく変える必要がある。だれもがそう感じはじめているのではなかろうか。

創発

ここまでに挙げた課題は、山積する課題のほんの一端にすぎない。しかしこれだけでも、現代社会においては、一つの課題が、実は別の課題に大きくかかわっていることがわかる。「風が吹けば桶屋《おけや》が儲《もう》かる」がごとく、グローバル化が進み、インターネットのインフラも普及してなお進化し続けている今日では、課題も相互に関連し、急速に影響しあって、増幅する。

「創発」という言葉がある。もともとは物理学や生物学から来た用語で、局所的な個々の部分が集まり、相互作用によって複雑に組織化されることで、予想もしなかったような新たな秩序やシステムがつくられ、やがてそのシステム自体が個々の要素に影響を及ぼしていくような現象のことをいう。

現代社会が直面する多くの課題にもこの創発現象が見られる。個別の現象のように見える課題が、世界各地で固有の文化や地域的要素にのっとりながら現れる。気候変動、エネルギー、ジェンダー……根っこは同じことでも、違う時間や場所で違うかたちで、しかし同じように複雑にからみあいながら、現れてくる。逆から見れば、現象としての現れ方に差はあっても、課題の本質は同じといった問題が、世界各地で同時多発的に発生する。

大きく分けると、これらの課題は、経済の問題、社会の問題、環境の問題と3つに分けることができる。より身近な言い方をすれば、カネ・ヒト・地球の問題である。それらは一見独立した問題のようにも思われるが、実はそれぞれが深く強く関連している。「命にかかわる」猛暑に対応するために、自動販売機でペットボトルの水を買って飲む。すると、今必要な気候変動対策としての水分補給はできるが、石油製品であるペットボトルをごみとして焼却することは、気候変動を助長することになってもいる。冷房をつければ、気候変動がもたらす命の危機から今は脱することができても、化石燃料で電力をつくっている限り、やはり、同時に気候変動を助長することになる。さらに問題なのは、石油や石炭といった気候変動を助長するモノのほうが、そうでないものよりも安くなるというお金の流れである。

課題が相互に関連しているということは、課題解決も一筋縄では行かない、ということである。何かを解決しようとしても、総合的に考えて行動を取らない限り、全体として課題を解決することにはならない。

なかなか困難なことであるが、こうした課題をシステム全体の課題としてとらえ、その解決を図るべく登場してきたものこそが、ＳＤＧｓである。

ＳＤＧｓへ寄せる希望

課題が相互に関係しているのであれば、何かを始めることで、波及効果が生じ、連鎖的に解決が図れることもあるだろう。あるいは、どこかにカギとなるポイント、いわゆる「レバレッジ・ポイント」というものがあり、そのポイントを押さえることで連鎖的に課題解決が図れるかもしれない。こうした課題解決の糸口を与えてくれるのが、ＳＤＧｓである。

課題解決の大きな目標を少し先の未来に掲げることで、現在のしがらみにとらわれない発想が可能になる。あるいは、「こういったテクノロジーがあれば解決できるのではないか」といった、新たなアイディアを刺激してくれる。現実のしがらみと複雑さにとらわれがちな世の中にあって、課題が解決された状態を想定して、そこからさかのぼって、どうすればそこにたどり着くことができるのかを考えることは、課題解決への新たな視点を与えてくれる。

問題が創発の性格をもつのであれば、解決方法も創発の性格をもつことで、これまでにない効果を上げる可能性がある。その可能性を秘めるのが、ＳＤＧｓである。世界共通の目標をもちながら、解決方法においては多様性を重視する、世界ではじめて登場した革新的な取り組みである。

その本質をじっくりと考えていこう。

目次

目標4：すべての人々に、だれもが受けられる公平で質の高い教育を提供し、生涯学習の機会を促進する【質の高い教育をみんなに】

目標5：ジェンダー平等を達成し、すべての女性・少女のエンパワーメントを行う【ジェンダー平等を実現しよう】

目標6：すべての人々が水と衛生施設を利用できるようにし、持続可能な水・衛生管理を確実にする【安全な水とトイレを世界中に】

目標7：すべての人々が、手頃な価格で信頼性の高い持続可能で現代的なエネルギーを利用できるようにする【エネルギーをみんなに　そしてクリーンに】

目標8：すべての人々にとって、持続的でだれも排除しない持続可能な経済成長、完全かつ生産的な雇用、働きがいのある人間らしい仕事（ディーセント・ワーク）を促進する【働きがいも　経済成長も】

目標9：レジリエントなインフラを構築し、だれもが参画できる持続可能な産業化を促進し、イノベーションを推進する【産業と技術革新の基盤をつくろう】

目標10：国内および各国間の不平等を減らす【人や国の不平等をなくそう】

目標11：都市や人間の居住地をだれも排除せず安全かつレジリエントで持続可能にする【住み続けられるまちづくりを】

目標12：持続可能な消費・生産形態を確実にする【つくる責任つかう責任】

第5章　自治体におけるSDGsの取り組みと課題——173

第6章　皆の目標としてのSDGsへ

第1章　ＳＤＧｓとは何か

(1) ＳＤＧｓのアウトライン

世界のかたち

「ＳＤＧｓとは何か？」
この質問に対して、筆者は
「ＳＤＧｓは未来の世界のかたちだ」
と答えることにしている。

２０１５年９月の国連総会で、国連加盟の１９３ヵ国すべてが賛同した国際目標がＳＤＧｓ(Sustainable Development Goals) である。日本語では「持続可能な開発目標」と訳されることが多いが、筆者自身は、「持続可能な成長目標」とか、「持続可能な発展目標」と訳したほうが、日本人には受け入れられやすいのではないかと考えている。今だけ成長して未来に経済的・社会的・環境的な負債を残すのではなく、持続的に成長していく。しかも、経済成長だけではなく、社会的な意味で、たとえば皆が幸福度を上げられるような成長であったり、環境面から、いつまでも豊かな自然環境が人間生活を支えてくれているような成長であったりする。そんな総合力のある成長目標が、SDGsである。

言い換えると、このSDGsには、この先もずっとこの地球上に住み続け、人類が繁栄していくために、日本と世界がやらなければいけないことが詰まっている。その意味では、より正確には、「未来の世界の骨格」である。最低限のかたちが描かれているのがSDGsであり、そこにどのような肉付けをするかは、人類一人ひとりが考え、決めていくことになる。

アルファベットが連なるので、どう読めばよいかわからない、という声もよく耳にする。一般的には「エス・ディー・ジーズ」ということが多いが、律儀に複数形のsをつけたり、読んだりせずに、「エス・ディー・ジー」ということもある。海外での表記を見ると、むしろSDGと書いたり、「エス・ディー・ジー」といっているケースも多く見られる。そのあたりの違いにあまりとらわれる必要はない。

重要なのは、このSDGsにすべての国連加盟国が賛同しているという点である。あらゆる国が、その政治的イデオロギーや、地理的な位置、軍事的・経済的パワーの違いを超越して、将来の世界の姿はこうあるべきだ、という大きな目標に賛同しているのである。

このことの意味が、とてつもなく大きい。今は国による意見の違いや、やり方の違いはあっても、将来あるべき姿は共有している。しかも、かなり包括的にさまざまな課題を含み、そして具体的である。ここまで具体的に未来の姿が描かれ、しかもそれが世界のすべての国に合意されたということは、これまでにない。

ＳＤＧｓが、すべての国連加盟国によって合意されているということは、世界の進むべき方向性が明らかになっているということであり、そこで描かれた世界が、紆余曲折《うよきょくせつ》はあれ、いずれ実現される確度も高いということになる。そうだとすれば、これを先取りしない手はない。ＳＤＧｓに対応するということは、国にとっても自治体にとっても、そして民間企業にとっても、ボランティアベースの社会貢献を超えて、まさに成長戦略やリーダーシップの源となるものだといえる。

17の「目標」、169の「ターゲット」

ＳＤＧｓには、17の目標（goal）と169のターゲット（target）がある。

目標には、比較的抽象的な表現による、地球規模での目指すべき到達点が描かれている。ヴィジョンといってもよいような大目標で、2030年までの達成を目指す。

一方、ターゲットには、達成を目指す年や数値を含む、より具体的な到達点が描かれている。なかには達成年を2020年などのように2030年以外に定めたものもある。たとえば陸域の生態系保全をうたう目標15には2020年までの達成を目指すターゲットが多い。2010年に名古屋市で開催された生物多様性条約COP10で決められた愛知目標が、2020年達成を目指しており、これを踏襲したからである。目標年が統一されていないのは、交渉時までのさまざまな国際合意を踏まえてできた、というSDGsの制約が表れているところでもある。

SDGsにはこれ以外のものはない。しかしそのシンプルさが、この目標体系に、これまでにない重要な価値を与えている。この点については次節で詳しく触れることにしよう。

理念

SDGsを核とする国連決議「持続可能な開発のための2030アジェンダ（通称「2030アジェンダ」）」のタイトルには「我々の世界を変革する」とある。SDGsはまさに変革のために存在していることの象徴である。SDGsが体現する未来のかたちには、今の世界とは大きなギャップがある。このギャップを埋めるためには変革することが必要になる。極度の貧困だけでなく、格差が要因となる各国内の貧困をなくすためには、社会の仕組みを変える必要がある。食料生産の仕組みを変革しないことには、限りある資源と地球の容量のなかで、これから増大する世界人口を支えることはできない。先進国に定着している大量生産・大量消費の仕組みは資源の枯渇を生み出す一方で、必要な資源が、必要な人に必要なときにいきわたらないという問題を生み出している。ここにも変革が必要だ。さらには、エネルギー需給に関する仕組みの変革は、気候変動対策としても必要とされる変革だ。

変革なきところに持続可能な世界はない。世界の変革は、ＳＤＧｓを下支えする大事な理念の一つである。

今一つ重要な理念が、「だれ一人取り残されない」ことである。「２０３０アジェンダ」はその前文を含め、さまざまな場面で「だれ一人取り残されない」で持続可能な世界を実現することが大切だとうたっている。日本語では「だれ一人取り残さない」と訳すこともあるが、その原文は受身形で書かれている。つまり、自分が取り残される立場になりうることを前提に、「取り残されない」世界を創《つく》ろうというのである。

こうした2つの理念と、具体的な目標群を結びつける役割を果たすのが、ＳＤＧｓを貫く5つの原則である。人間（People）、地球（Planet）、繁栄（Prosperity）、平和（Peace）、パートナーシップ（Partnership）という、英語で書くと5つのPを頭文字とする概念が、ＳＤＧｓの大原則となっている。

「人間」の尊厳を守るということは、人間の存在基盤としての「地球」を守るということが大前提になる。そのうえではじめて、人間と地球の「繁栄」が可能になる。しかし繁栄は、争いが起きるとあっという間に消え去ってしまうものでもある。持続可能な繁栄の前提になるのは、「平和」である。持続可能性とは、「平和」そのものの言い換えであるとさえいってよいものかもしれない。そして、これらを実現していくためには「パートナーシップ」を組むことが必要になる。一人や一つの組織、一国でできることには限界があるし、そもそも地球全体への広がりを長期にわたって持続させることができない。お互いを尊重しあいながらパートナーシップを組むことで、課題解決の可能性が広がっていくわけである。

「2030アジェンダ」では、SDGs達成へ向けた行動の責任は、各国にあるといっている。国連や国際社会というやや抽象化されたところで責任を担保するのではない。そもそも国連も主権国家が集まってできているにすぎず、最終的な意思決定は国レベルで行われている。そうした国々が、それぞれの文化や習慣にのっとったやり方を尊重しながらも、共通の目標に向かって進む。

特に最近は国を超えて、多国籍企業や国際NGO、国際科学機関などの影響力が無視しえないほど高くなってきていることから、そうしたさまざまな主体と協働して問題解決を図っていくことが有効だ。もちろん同じことは国内でもいえる。国内でも企業やNPOなど多様なステークホルダー(利害関係者)と、国や自治体という公共の主体が、対等なパートナーとして問題解決を図る。それこそが持続可能な解決法を生み出していく。

新しいコミュニケーション戦略としてのSDGs

SDGsでは言葉やコミュニケーションの面白さ、新しさが一つの特徴となっているという点は特筆すべきであろう。SDGsが従来の国連における決定と大きく異なり、ステークホルダーや市民に浸透しつつある秘訣《ひけつ》は、このコミュニケーション戦略にあるといっても過言ではない。多くの人にとって、ＳＤＧｓといえば17色のカラフルなアイコン（口絵参照）が印象的なのではなかろうか。

これらアイコンに表現されている言葉は、非常に簡潔でありながら適切に、それぞれの目標の要点を表現している。たとえば目標14の外務省訳は、「持続可能な開発のために海洋・海洋資源を保全し、持続可能な形で利用する」となっているが、アイコンでは「海の豊かさを守ろう」と、行動を促すことばで呼び掛ける、簡潔な表現となっている。それは、英語アイコンにある表現「Life below water」（直訳すると「水面下の生命」）とも異なっている。この表現の妙が、ＳＤＧｓをわかりやすくし、これまでと違ったやり方で持続可能な社会を目指す重要な戦略を形成している。

アイコンの日本語化に一役買ったのが、博報堂のコピーライターである。

それまで博報堂と協働したことがほとんどなかった研究者としての筆者の前に、博報堂の川《かわ》廷昌弘《ていまさひろ》が現れたのは、２０１５年の国連総会前のことであった。コミュニケーション会社の社員が慶應義塾《けいおうぎじゅく》大学湘南藤沢《しょうなんふじさわ》キャンパス（ＳＦＣ）を訪ね、ＳＤＧｓに関心がある、いろいろと勉強したいといってきたのである。これには筆者も驚いた。それまで研究者やマスコミ、市民団体、ＮＧＯといった方々や、一部の企業が「持続可能な開発」や気候変動に関心をもち、取材等に来ることはあった。しかし川廷は、ＳＤＧｓの重要さを口にしながら、今後機会を見て一緒に活動をしていきたいといいはじめたのである。

話を聞くと、真面目《まじめ》に今後SDGsに向き合いたいと考えていることがわかってきた。その彼が、最初に手掛けるといって嬉《うれ》しそうに話してくれたのが、SDGsのアイコンの日本語化であった。スウェーデンのデザイナーであるジェイコブ・トロールバックが2014年の秋に開発した17個のアイコンは、SDGsが採択されると、国連でも公式に使われるようになっていった。これを直訳ではなく、行動を促すような言葉にすることで、SDGsを自分の問題としてとらえられるようにすることが重要だというのが、彼をはじめとするボランティアのコピーライターたちの認識であった。コピーライターたちの試行錯誤の結果は、国連広報センターによる公式の日本語訳として結実した。

アイコンに代表されるように、SDGsのコミュニケーション戦略は、その採択当初から市民への浸透を強く意識したものとなっている。そもそもSDGsを策定する国際交渉時から、SDGsの目標は「冷蔵庫に貼《は》り付けられるようなものとすべきだ」と、繰り返しいわれてきた。家庭内で忘れてはいけないことを冷蔵庫にメモとして貼り付けるように、SDGsもだれもが目にしてすぐにわかるものを目指すべきだ、ということである。

SDGs採択時に、SDGsのカラフルなアイコンと加盟国の国旗が、ニューヨークの国連本部ビルの壁一面を染めたプロジェクション・マッピング（口絵参照）もまた、そのコミュニケーション戦略の一環である。プロジェクト・エブリワンというこのプロジェクトをリードしたのは、映画監督・脚本家のリチャード・カーティスである。「ノッティングヒルの恋人」や「ブリジット・ジョーンズの日記」といったロマンチック・コメディで知られる人物が、国連の採択した目標の普及啓発の最前線に立つこと自体、画期的なことである。それはまた、市民に普及しない限り持続可能な社会は実現できないという危機感の裏返しでもある。

国連も、70周年を迎えて変わったのである。

(2)　SDGsの特徴

仕組み・測る・総合性

SDGsには大きく3つの特徴がある。1つ目は仕組みであり、2つ目は「測る」ことである。これは、ビッグデータなどさまざまな計測が可能になっている今日の状況を考えると、極めて重要な特徴である。そして3つ目は総合性である。以下、SDGsのこの3つの特徴を見ていくこととする。

(1)仕組み——ルールのない自由な仕組み

SDGsには細かな仕組みは設定されていない。こういうと、「仕組みが大きな特徴だ」といっていることと矛盾すると思われるかもしれないが、実は細かい仕組みがないことが、SD

Gsの大きな特徴なのである。

通常、国際的な取り決め、特に国連のもとでの条約や議定書などの取り決めは、ルールや、そのルールの集まりで成り立っている。各国にはそれぞれ法体系があり、ルールがある。それらを持ち寄って、調整を図りながら、新たな国際ルールをつくっていく。これが多国間交渉のエッセンスである。国連で行うような多国間での取り決めは、利益や負担の配分というよりも、法制度の調和を図るものが多いといわれるゆえんである。(1)

具体的な国際的課題に焦点を当て、その問題を解決するための仕組みとして「国際レジーム」といわれるものがある。たとえば、「気候変動レジーム」や、「国際貿易レジーム」などがある。国際レジームとは、ある問題を解決するための国際的ルールのセットだと考えてよい。WTO(世界貿易機関)を軸とした自由貿易体制はその典型例である。自由、無差別、多角的に貿易を進めるという「原則」のもとで協定という明文的な「法的枠組み」が定められているが、それですべてではない。これに関する意思決定「手続き」や紛争解決「手続き」があり、制度枠組みができている。こうした仕組みは、さまざまなルールが重なりあってできており、その総体を国際レジームと呼んでいる。国連はこれまで、こうした国際レジームづくりを得意としてきた。たとえば、気候変動問題解決に向けて、毎年年末になると気候変動枠組条約の締約国会議(COP：Conference Of the Parties)が開かれるが、これは「気候変動レジーム」の意思決定手続きの一つということになる。

ところが、ＳＤＧｓはこうした法的な取り決めにもとづく仕組みとは全く異なるアプローチをとる。２０３０年という「少し先の未来」のあるべき姿についての目標だけを設定し、その目標達成のための共通のルールはつくらないアプローチである。「２０３０アジェンダ」には実施手段も掲載されてはいるものの、詳細な実施の方策が規定されているわけではない。また、ターゲットのなかには実施手段に関するターゲットもあるが、これらについても抽象度の高い理念的な実施の方向性が掲載されているだけであり、具体的にどのような資金メカニズムをもつとか、新たな制度を創設するなどというものではない。

つまり、ＳＤＧｓでは、従来国際レジームのなかで考えられていたような、国内でＳＤＧｓ実現に向けた政策を実施する際の拠《よ》り所となるようなルールが、国際的に定められているわけではない。

では、ＳＤＧｓには何があるのか。目標とターゲットがあるのみである。それらに法的な拘束力はなく、したがって目標を達成できなくともペナルティはない。

ルールがないということはすなわち、各主体が自由に目標達成へ向けた方策を考え、それぞれに合ったやり方で対応を進めることができるということである。多様性を重視するということは、異なるやり方の間でのコラボレーションが、さらに新たな方法を生み出していく面白さがあるということでもある。自由度が高いということは、創造性がモノをいう。それはまた一方で、差もつきやすいということでもある。

目標ベースのガバナンスの効果

　詳細な実施ルールは定めず、目標のみを掲げて進めるグローバル・ガバナンスのことを筆者は「目標ベースのガバナンス」と呼んでいる。これは、ＳＤＧｓを策定する際に筆者がリーダーとなって進めていた国際研究プロジェクトのなかでつくりだした governance through goals という言葉を日本語に訳したものである。ルールによるガバナンスはこれまでも行われてきているが、目標によるグローバル・ガバナンスが、これほどまで包括的に行われたことはこれまでにない。あったとしても、せいぜい発展途上国に主な焦点を当てていたミレニアム開発目標（ＭＤＧｓ）であったり、ある分野に焦点を絞った目標であった。産業革命前と比べて地球規模の平均気温上昇を２℃以内に抑えるという、気候変動に関するいわゆる「２℃目標」はその典型的な例である。

　70周年を迎えた国連が、歴史上はじめて踏み込んだチャレンジが、ＳＤＧｓによる目標ベースのガバナンスなのである。

　意欲的な目標を掲げる効果はいくつかある。まず、目標を掲げることで、その目標を達成しようという意思をもった「資源」が集まる。「資源」とひとことにいっても、その内容は多様である。人的資源をはじめ、目標を実現するための知的資源（アイディア）もある。また、目標へ向かうための「資金」も重要な資源である。

次に、目標を掲げることで、従来では考えられなかったような大きなことを成し遂げることができる。その典型的な例が、「ムーンショット」である。1961年5月、米国のケネディ大統領が10年以内に人類を月に送るという大目標を打ち上げたことではじめて、1969年のアポロ11号の月面着陸が実現した。大目標を掲げることで、想像を超えるような現実がついてくる。

これをシナリオ的に表現するのが「バックキャスティング」という発想である。従来行われてきた多くのシナリオづくりでは、現在の積み重ねとしての未来を描く「フォアキャスティング」の考え方がとられた。フォアキャスティングは、どうしても現状の延長線上に将来を考えてしまい、今と違う社会構造や産業構造への変化や、革新的取り組みを取り込みにくいシナリオアプローチである。これとは対照的に、未来の目標を描き、その実現を前提として、現在の世の中にさかのぼってシナリオを描くのがバックキャスティングである。そこでは目標設定が大前提となる。

大型研究プロジェクトとして「バックキャスティング」手法に日本で最初に取り組んだのは、2000年代はじめにスタートした「脱温暖化2050プロジェクト」だったと記憶している。当時、国立環境研究所理事であった西岡秀三《にしおかしゅうぞう》をリーダーとする、環境省の5年にわたる戦略研究プロジェクトである。筆者も「目標検討チーム」のリーダーとして参画した。当初、なぜ目標検討が必要なのか、そして、そのためのクライテリア（目標設定の基準となる考え方）がなぜ必要なのか、理解に時間を要した。しかしこれこそが、バックキャスティングでのシナリオづくりには必須《ひっす》なのである。研究の結果、その後日本の温室効果ガス排出削減目標となる、2050年60～80%削減という落としどころを見出《みいだ》していった。目標が設定されてはじめて、その達成を起点として現代社会に到達するためのシナリオがつくられるわけである。

大きな目標を掲げるというと、自治体や企業では、目標を達成「できなかったとき」のネガティブな影響を考えて二の足を踏んでしまうことがある。しかし、SDGsの目標とは、実際に達成できなければ約束違反となってしまうという類《たぐい》の目標ではない。そもそもSDGsは法的に縛られるものではないのである。もちろん目標なので、達成するべきものではある。しかし、あまりに目標に拘泥してしまうと、身動きが取れなくなってしまい、挙げ句の果てに目標を掲げることさえ躊躇《ちゅうちょ》されてしまう。

それよりも、SDGsの目標は、むしろ変革やイノベーション創出へ向けた「達成すべき方向の提示」として考えたほうがよい。大きな目標を提示することでやるべきことがわかる、そうなると、それに呼応する資源が集まってくる。これらにより、ときに、現状からの積み上げでは考えられなかったような飛躍が実現できることがあるということは、多かれ少なかれ多くの人が見たり聞いたり、あるいは自ら体験していることなのではなかろうか。「大口をたたく」人が大きなことを実現する、弱小チームがラグビーで全国制覇する話や、低偏差値からの有名大学への合格秘話など、感動を呼ぶドラマや映画になった例も多い。そんな可能性を求めるのがＳＤＧｓである。「２０３０アジェンダ」に「変革」というタイトルがついているゆえんでもある。

一方でシナリオ作成を行いつつ、もう一方でシナリオを超えるイノベーションの効果で目標を達成する。目標をつくることで、新たなうねりが生み出される可能性が期待できるわけである。

こうした「目標ベース」で行動を変える動きは、昨今いろいろなところに登場してきている。気候変動をめぐって提示されている「２℃目標」や、パリ協定にある今世紀末までの脱炭素化といった目標にとどまらない。こうした目標にもとづいて、科学者が提示した２０５０年の温室効果ガス排出削減シナリオによって２０２５年から２０３０年の削減目標を計算したうえで、個別企業の削減目標を申請・認定するＳＢＴ（Science Based Targets）という仕組みもスタートしている。すでに８００を超える世界中の企業がＳＢＴ設定へ向けた行動を開始し（２０２０年3月現在）、その数は増加の一途をたどっている。

脱使い捨てプラスチックについても目標ベースの取り組みが広まっている。スターバックスなど多くの企業が、目標を定めてその年までにプラスチックストローの使用をやめることを宣言するようになっている。２０１８年には、コカ・コーラ、ペプシ、ネスレ、ユニリーバといった名だたる企業が、２０２５年までにすべてのプラスチック包装を再利用・リサイクル・堆《たい》肥《ひ》化可能なものにするという「新プラスチック経済のグローバル・コミットメント」という誓約に署名した。ＳＤＧｓに代表される目標ベースのガバナンスは、着実に浸透しつつある。

目標から始める仕組みが、新たなグローバル・ガバナンスをもたらしつつある。

(2) 測る

2つ目の大きな特徴は、「測る」ことである。SDGsは目標とターゲットのみの体系である。ただ、SDGsを中核に据える国連文書「2030アジェンダ」は、SDGsをフォローアップする仕組みとして、その進捗《しんちょく》を測って評価するとしている。

国連におけるSDGsの進捗測定のための指標のあり方については、統計データの処理に特化した国連統計委員会において、「SDG指標に関する機関間専門家グループ(IAEG-SDGs)会合」を中心に行われた。そこではできるだけ政治的な考慮を排除し、可能な限り「機械的」に指標設定を行うことを意図して、SDGs設定後に検討が詰められていった。検討は当初は1年程度で決着するものと見込まれていたが、指標のありようによっては、目標やターゲット自体の解釈が変わっていくことにもなりかねない。こうした考慮によって議論は長引き、結局決定されたのは、当初の予定から1年以上遅れた2017年7月であった。国連総会で承認されたグローバル指標は、244指標(重複を除くと232)に上っている。なお、2020年に指標の包括的見直しが行われ、指標の数は247(重複を除くと231)に変更された。

指標で測る

指標を使った進捗測定は、毎年の国連事務総長による『持続可能な開発目標報告書（*Sustainable Development Goals Report*）』として提出され、世界のマクロなSDGs達成状況が、数値によって測られている。たとえば貧困の根絶について定めた目標1に関しては、1日1・25ドル未満と定義される「極度の貧困」状態の人口は、2015年時点で7億3600万人おり、そのうち4億1300万人はサハラ以南のアフリカで暮らしていることや、極度の貧困率が農村部で17・2％に達し、都市部の5・3％の3倍を超える高さであることなどが、統計データから報告されている。

「2030アジェンダ」は、グローバル指標が「各国や地域レベルで策定される指標によって補完されるものである」としている。補完するためには、まずどのような指標が手に入るのかを知る必要がある。したがって、出発点はグローバル指標の国内指標への変換となる。

日本でも2019年8月にローカル指標が示され、125指標が国内で測ることのできる指標だとされた。また、これをさらに進めるかたちで、内閣府は「地方創生SDGsローカル指標」の開発を進めている。

筆者もその開発メンバーの一人であるが、そこでは、グローバル指標のうち自治体において計測可能な指標を共通指標ととらえて、普遍的事項の進捗を計測する。ただし、それだけでは地域の現状はとらえきれないというのが現実である。たとえばアクセスのための持続可能でレジリエントなインフラ開発というターゲット（9・1）は、すべての人に公平で安価な交通アクセスを可能にすることを意図しているものであるが、日本ではローカル共通指標にあるような舗装道路の割合や最寄りの交通機関までの距離では測りきれないものも多い。地域によっては、ご近所さんが相乗りをするような仕組みや、コミュニティタクシーを導入することでこれを達成しようというところもあろう。その進捗計測には、たとえばコミュニティタクシーの数や頻度といったものがより適切な指標になる。

こうした実態を踏まえると、グローバル指標のローカル化だけでなく、ある目標やターゲットの達成に資するような、地域独自の指標を設定することも重要であることがわかる。したがって、共通指標に加えて、独自指標を設定することで、より実態に近いかたちで目標達成への進捗を測ることが重要になる。こうした独自指標を目標ごと、あるいはターゲットごとに集積することによって、どのような目標・ターゲットにはどのような指標がありうるか、がわかってくるであろう。

目標ベースのガバナンスが自由な取り組みを促進するものだとすれば、むしろより重要になってくるのは独自指標である。大事なのは、自治体間や国家間で比較することではなく、目標にどれだけ近づいているかを測ることであり、それこそがＳＤＧｓに関する計測の真髄だといえる。

民間ベースの指標

一方、日本で計測可能なローカル指標とされているものをよく見ていくと、実際には測ることができる指標でも欠損しているものがある。たとえばターゲット1・2にある、各国で定義される貧困がその好例である。相対的貧困や子どもの貧困問題が指摘され、これを示すデータがありながらも、日本では「公式には」相対的貧困や子どもの貧困が、日本での貧困であると定義されているわけではない。したがって、ターゲット1・2のローカル指標は存在しないことになっている。国ごとの解釈を入れることは、多様性を取り入れるためには大事であるが、逆に、政府が出したくない数値は出さないというような政治的考慮が入る余地も生み出すことになる。

これは現在の国連システムの限界でもある。国連システムは国民国家を最高の権力とするシステムとして動いており、国連は国際世論を動かして圧力をかけることはできても、国のなかにまで踏み入ることはできない。SDGsも同様で、国に最終的な実施や進捗評価の責任をもたせることで成り立っている。

しかしながら、国を超えた主体が目的を共有して結びつき、自律・分散かつ協調的につくりだすうねりを活用することができるのもまた、SDGsの重要な特徴でもある。

指標に関しては、研究機関やそのネットワークが、国連によるSDGsの進捗測定を補完すべく、あらたな計測を進めている。ドイツのベルテルスマン財団と持続可能な開発ソリューションネットワーク（SDSN：Sustainable Development Solutions Network）による『持続可能な開発報告書』にある「SDGインデックスとダッシュボード」はその代表である。SDSNとはコロンビア大学のジェフリー・サックス教授が始めた、SDGs達成を目指す研究機関の世界的ネットワークで、日本でも筆者が幹事となってSDSNジャパンを設立している。そこでは、国連のグローバル指標を各目標5つ程度用いながらも、以下の5つの基準に当てはまる指標によってこれを補完し、毎年国別の目標達成状況を数値で測定し、提示している。

①多様な国の状況に対応でき、かつグローバルな計測に適していること
②統計的な適切性があること
③適切にアップデートされているデータであること
④当該問題の計測に適切なデータの質が確保されていること
⑤人口100万以上の国連加盟国の80%以上の国で手に入る指標であること

これらの基準を満たす指標数を86(2018年版の場合)に絞り込みながら進捗を計測し、国別のスコアを出すことでランキングも示している。さらに、より多くの統計データが入手可能な先進国(OECD〔経済協力開発機構〕加盟の35ヵ国)については追加的な指標も用いて、合計109の指標で各目標の達成状況を評価している。

これによると、2019年の進捗状況は、1位がデンマーク、2位スウェーデン、3位フィ

ンランド、4位フランス、5位オーストリアと、上位を北欧諸国をはじめとするヨーロッパ諸国が占めている。日本はアジアではトップであるものの、15位となっている。

その日本の中身を見ていくと、目標達成へ向けて78・9％の地点にいるという評価であり、特に目標5のジェンダー、目標12の持続可能な消費と生産、目標13の気候変動対策、目標17のパートナーシップでの目標達成において、大きな課題が残るとされている。[2]

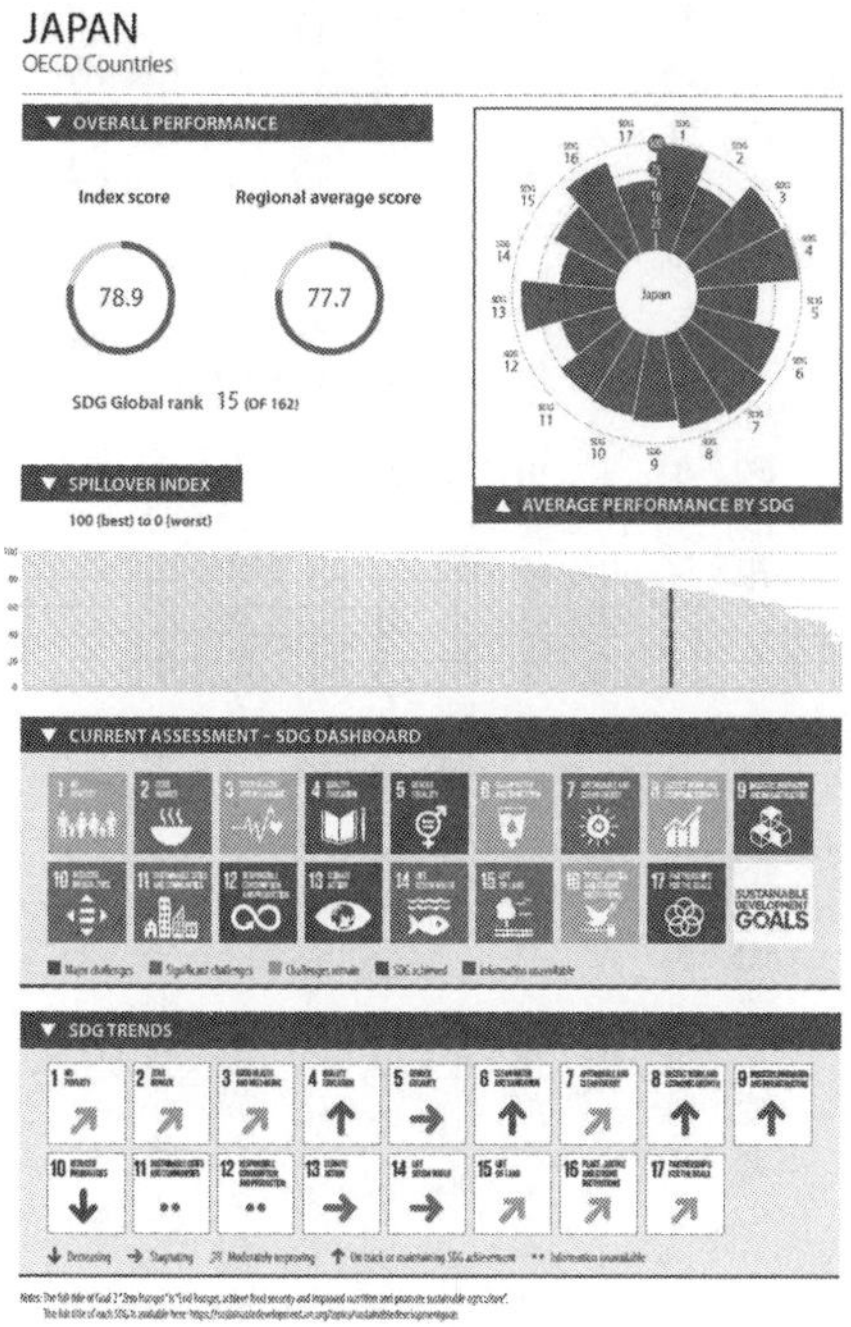

「SDGインデックスとダッシュボード」における日本の評価（*Sustainable Development Report 2019*）

指標開発の課題

指標による計測で重要になり、また今後の進展が望まれるのが、ＳＤＧｓの総合的な側面をどのように測るか、という点であり、いくつかの異なる側面を計測するための指標である。ＳＤＧｓの第3の特徴としてこの後取り上げるように、ＳＤＧｓでは総合性が重要になる。そしてそのことは、計測にも反映されるべき事柄である。たとえば気候変動対策（目標13）と経済発展（目標8）を同時に測る指標は何か？　再生可能エネルギービジネスの雇用者数だろうか？　あるいは再生可能エネルギー発電の発電量だろうか？　あるいはその両方だろうか？

とりわけ、シナジー（相乗効果）のある課題や、トレードオフ（二律背反）の関係にある課題の進捗を測ることができれば、ＳＤＧｓの進捗はより透明度が高まる。これからはビッグデータによる計測や地図情報による計測も進展するであろう。指標開発は、研究の一つの重要課題でもある。

企業の行動を測る

こうした新しい物差しによる測定が進むなか、とりわけ活発になってきているのが、金融業界を中心に企業の評価を行おうという動きである。

環境や社会的側面を重視したサステイナブル投資や、それに企業ガバナンスの側面を加えてそれぞれの英単語（Environment, Social, Governance）の頭文字をとったＥＳＧ投資への関心は、リーマンショック以降特に高まっているが、ＳＤＧｓの時代に入りそれはさらに加速化している。日本サステナブル投資フォーラムによれば、日本国内に拠点を有する42の機関投資家による２０１８年３月末のサステイナブル投資合計額は２３１兆９５２２億５０００万円で、２０１７年の１・７倍に上ったという。２０１５年９月には世界一の年金運用基金である「年金積立金管理運用独立行政法人（ＧＰＩＦ：Government Pension Investment Fund）」が、財務情報だけでなく、ＥＳＧのような非財務情報を投資先選定時に考慮することなどを求める国連責任投資原則（ＰＲＩ：Principles for Responsible Investment）に署名した。それ以来高まるサステイナブル投資へ向けた動きは、ＳＤＧｓにもとづいた企業評価の動きも促している。ＥＳＧ投資を行うためには企業がいかにサステイナブルな行動を行っているかを評価する必要があり、その点で企業のＳＤＧｓへの対応を適切に測ることが求められているのである。

　より詳細な動向は第4章「企業はＳＤＧｓにどう取り組むべきか」に譲るが、こうした企業評価の流れはもはや止めることができないところまで来た。ＳＤＧｓが設定された当初は、国際標準化に関するＩＳＯ（国際標準化機構）への対応や、ＥＳＧ投資への対応など、寄せては返す波のように手を変え品を変え現れる、「英字3文字基準」への対応がまたやってきたのか、と慎重な対応をとる企業も見られた。しかし設定から数年が経《た》ち、企業の担当者も、「未来のかたち」としてのＳＤＧｓのもつ意味合いが、従来の「英字3文字基準」とは違うことにようやく気付いてきた。

従来は「持続可能な開発」というと環境問題と考えられることが多く、経済や社会的側面までを含めて語られることは少なかった。だが、SDGsによって経済や社会的持続可能性が「持続可能な開発」の文脈にきちんと位置づけられることによって、ようやく企業がこの課題に正面から取り組むようになってきたのである。

2019年には日本経済新聞社も、SDGsによる企業の格付けを始め、日経SDGs経営大賞の授与を始めた。

結果は総合格付けとして偏差値で公表されているが、もちろんその評価のために詳細に得点をつけている。つまり、SDGsへの貢献を独自指標化して、点数で企業を評価しているのである。

こうした評価は金融や企業セクターのみにとどまらない。公共部門もまた、SDGs推進企業の取り組みを積極的に評価し、そうした企業を応援するという活動を始めている。詳細は第5章「自治体におけるSDGsの取り組みと課題」に譲るが、筆者が携わった関東経済産業局と長野県の取り組みは、そうした取り組みの最初のものであり、2018年から本格的に設計を行った。一定の基準を満たした企業をSDGs推進企業として認め、行政が地方創生の観点から、積極的にこれを支援するという仕組みである。追って国連開発計画（UNDP）も、SDGインパクト（SDG Impact）と題して、SDGsを推進する企業を後押しするスキームを立ち上げている。

ルールがなく自由な取り組みが基本となるＳＤＧｓにおいて、表彰制度は良い取り組みへと誘導するための有効な手段と考えられてきた。日本政府が推進するジャパンＳＤＧｓアワードも、そうした声が当初から企業人によって叫ばれてきたことが、開始の動機の一つとなっている。表彰するためには何らかのかたちで取り組みを評価することが必要になる。そのいくつかにかかわっている筆者の経験から見てみると、点数化の厳密さは賞によりさまざまではある。しかし、ＳＤＧｓの観点から取り組みを「測る」試みがなされていることは、ＳＤＧｓの唯一の推進メカニズムをしっかりと受け止めているという点で、本質的である。

質を測る

ＳＤＧｓの理念である「だれ一人取り残されない」ということを考えると、指標以外の方法で、定性的に計測することの重要性がわかるであろう。「取り残される」人々や「取り残されがちな人々」は、なかなか統計データに表れてこないことが多いからである。さらに公共機関も、どれだけ取り残される人々がいるのかを十分把握していない、あるいは把握していたとしても、あまり表に出したがらない場合が少なくないからである。路上生活者の数や実態、外国人労働者やＬＧＢＴ、障がい者といった取り残されがちな人々の実態把握はどこまで進んでいるだろうか？　出生記録のない地域における子どもや老人の人口や生活の状況はどこまでわかるのだろうか?

なかなかデータに表れてこないこうした課題の状況を測っていくことは、「だれ一人取り残されない」ための対策を取るうえでも欠かせない。

こうした問題意識に立ち、国連は2019年に『グローバル持続可能な開発報告書(GSDR: *Global Sustainable Development Report 2019*)』を発表した。これは独立の委員会がSDGs達成へ向けた評価を行う報告書で、4年に一度発表されることが2016年のハイレベル政治フォーラム(HLPF: High-level Political Forum)で決定されたものである。それまで国連事務局が試験的に作成したGSDRはあったものの、正式なものは2019年にはじめて出された。委員となったのは、専門分野や地域が異なる15人の独立の科学者である(2020年10月、筆者は次回2023年版のGSDR執筆の独立科学者に選ばれた)。従来から持続可能な開発に関する科学的評価は、たとえば気候変動に関しては「気候変動に関する政府間パネル(IPCC)」の報告書が、生物多様性については「生物多様性および生態系サービスに関する政府間科学—政策プラットフォーム(IPBES)」の報告書が、課題別に行ってきている。GSDRはそれらの評価報告書を踏まえながら、持続可能な開発の状況を総合的に評価しようという、いわば「評価の評価」を行おうというものである。その冒頭に、国連による最初の持続可能な開発に関する報告書を取りまとめたブルントラントが記載しているように、GSDRは「証拠にもとづいた」議論を進めるために科学的根拠を示そうというものである。

同様の試みは日本でも始めている。筆者が代表を務めるxSDG・ラボで初年度版を編集した『SDGs白書』である。こちらは科学的に評価を行ったというよりも、政府、NGO、企業、学界などでSDGsにかかわりの深い専門家による、日本のSDGs関連アクションの現状評価を定性的に行うものであり、いわゆる「白書」のアプローチをとる。しかし、目指すところはGSDRと似ており、数字に表しきれない「質」的側面の評価を行っている。

データの活用による新しい測り方へ

「測る」というSDGsの特徴は、現代社会の特性をうまくとらえたものでもある。SDGsは、ビッグデータやGIS（Geographic Information System、地理情報システム）等の地図情報が活用される時代に、タイミングよく登場してきた。

日々使用する携帯端末からは、人の移動や検索情報をはじめ、極めて多様なデータが供給される。ネットショッピングを行った直後から、関連する商品の情報がホームページ上の画面に届くのは、もはや日常的なことである。買い物をせずとも、ネットサーフを行うだけで情報が送られてくるのには、驚くばかりである。

こうしたデータは商業目的に使用されたり、生活を便利にしたりするために使用されることばかりに目が行きがちであるが、より正確にSDGs達成への進捗を計測するという公共目的にも当然使用しうる。新型コロナウイルスが広まってからは、人口密集度も、こうしたデータによって示されている。だれ一人取り残されない世界を実現するためにどこで何がどのように行われているのか。測り方の変革は、次の行動に結びつけるという意味でも重要だ。

地図情報も同様である。グーグルマップやさまざまな地図アプリは、我々の生活を数段便利にしている。もはや多くの場合、紙の地図を開かなくとも、行きたい場所と現在地を指定することで、どこにどのような交通機関で向かうのが適切なのかがわかる時代になっている。しかもそれが個人ベースで可能になっている。

逆に個人の動きを地図情報にプロットしていけば、人や物の動きが正確にわかる。それは、移動のための便利な地図としても使えるが、たとえば移動手段が乏しい地域はどこか、どこに住んでいる人が駅やバス停まで遠いのかといったこともわかる。そうした情報と、高齢者や障がい者といった取り残されがちな人々の情報とを重ね合わせることで、取るべき政策やその進捗の計測も可能になってくる。公共の水飲み場、レンタルの自転車や自動車の設置場所、性的少数者が使いやすい男女の区別のないトイレの場所などをはじめ、地図を使うことで、だれ一人取り残されない社会が実現に向かっているか、持続可能な社会は実現へ向かっているかが、より実践的にわかってくる。

測るというと、これまでは統計によって公的機関が計測することのみに目が向かいがちであった。その意味での能力構築は、まず国や自治体の統計データ収集能力へと向けられる。その重要性が損なわれることはないものの、しかし、国を超えた主体が、自律・分散的に、それでいながら協調してつくりだすうねりも、現代社会には備わりつつある。こうした動きを加速させているのが、インターネットに基盤を置く情報化社会である。こうした動きこそが、指標のありようと、可視化によって生み出される次なる行動にも変化をもたらすことになる。

ＳＤＧｓの「測る」という特徴は、まさに現代社会の特徴をとらえた、重要な側面なのである。

⑶総合性

ＳＤＧｓは17の目標をもつ。17という数は国際交渉の結果決まった妥協の産物であるが、結果としてかなり包括的に、現在と未来の社会の骨格をかたちづくる目標群を含んでいる。もちろん、ＳＤＧｓに含まれない重要な社会的側面があることは、常に留意しておく必要がある。たとえば、文化の側面である。ＳＤＧｓは国により異なる状況を勘案して目標達成のための努力を行うことを強調しており、文化の多様性や文化振興などに触れるターゲットもあるものの、目標自体に文化は含まれていない。あるいは芸術も、生活の質や心の豊かさのためには非常に重要なものであるものの、ＳＤＧｓのなかでは言及されていない。

とはいえ、経済、社会、環境面での持続可能性を考えるうえで外してはならない側面で、かつ政治的に合意可能な側面は、ほぼ含まれている包括的な目標がＳＤＧｓである。筆者をして「未来のかたち」と呼ばわしめるゆえんである。

この総合性こそが、ＳＤＧｓのもう一つの特徴である。筆者が籍を置く慶應義塾大学の湘南藤沢キャンパスには総合政策学部がある。総合的に物事を見ることで、一つの専門性を追求していたのでは解けないバランスの取れた解を見出すためにつくられた学部である。平たくいえば、タテ割りの弊害を乗り越えるための思考と解を見出す学問を行うところである。

総合政策学では、多様な側面から物事を見る視点が重要になるが、これをだれもが納得するかたちでバランスよく備えるツールは、これまでにはなかった。しかし、そのツールがSDGsによって1990年の学部創設以来はじめて提供されたという感がある。SDGsは国連全加盟国が合意した、未来社会を総合的に見るためのツールだからである。

ただ、いかに総合的だとはいえ、SDGsの目標達成を目指すにあたって、最初から17目標すべての達成を目指そうとすると、肩に力が入ってしまい、柔軟な発想も出てこない。そもそも、17目標と169ターゲットを常に念頭に置くこと自体が通常は困難であろう。17目標はむしろ、目標達成を目指す取り組みの「入口」が17個あると考えるほうがよい。17個もの異なる入口があれば、少なくともそのどれか一つは取り組みのきっかけになるだろう。

大事なのは、どの側面から入ったとしても、何らかの取り組みを進めようと思えばその活動が他の目標にも連関することになり、結果として総合的視点から取り組みを進める必要が出てくる、という点である。そうなるとSDGsは総合的に取り組むためのチェックリストの役割も果たすことになる。

たとえば起業して雇用創出に貢献するのであれば、目標8に含まれる「すべての人々にとって完全かつ生産的な雇用、働きがいのある人間らしい仕事」という目標達成に貢献しうる。しかし、それが多くの二酸化炭素を排出する産業であったり、大量の廃棄物を非効率に生み出す活動であったとすれば、気候変動対策を実施するという目標13や、持続可能な消費・生産形態を確保するための目標12には反してしまうことになる。だとすれば、二酸化炭素排出をしない産業で雇用を創出したり、あるいは将来的に二酸化炭素排出をしないことを目指しながら起業する必要がある。廃棄物については、これを発生しないようにする、あるいはリサイクルなどによって廃棄物を削減する方向で起業することが必要になる。

将来的に世界がＳＤＧｓの方向に進まない限り、地球と人類の健全な発展がないとすれば、起業当初からそのときへの対応を考えておくことこそが、社会的にアカウンタビリティー（説明責任）の高い企業家に求められることになる。最初からすべての側面について、総合的に調和の取れた行動をとることは難しいとしても、２０３０年というタイムフレームのなかで、いつ何をすべきかを将来の目標達成という視点から翻って考える発想、すなわち未来のあるべき姿を起点にして現実の世界から進むべき道を考える「バックキャスト」の発想と、総合的な取り組みとは、表裏一体で考えることで効果が出てくるわけである。

ＳＤＧｓの17目標を総合的に考える必要があることは、「２０３０アジェンダ」にもたびたび記載されている。「統合され不可分のもの」「一体で分割できないもの」「不可分、相互に関連している」と、異なる言葉を用いながらも、文書全体を通じて再三強調されている。国連の会議でもそれは同様で、あらゆる機会に、SDGsの目標とターゲットは全体として一つのものであることが強調されている。

ただし、SDGsは政治的な合意によってでき上がっているものであることから、すべてが調和的にできているわけではない。あるターゲットを達成しようと思うと、別のターゲットの達成を脅かすものも存在する。たとえば農業労働者の所得増大（2・3）は、危険な化学物質にさらされる人々の数を増やす可能性（3・9）がある。他方、あるものを達成しようとすると、別のターゲットが必然的に達成されるというものもある。たとえば、再生可能エネルギーの普及（7・2）は、大気汚染物資の削減（3・9）に（ほとんどの場合）直結する。こうしたトレードオフとシナジーはまだまだ研究途上にあるが、学界では関心を寄せる課題でもある。こうした2016年の『ネイチャー』には、ターゲット間のシナジーとトレードオフの関係をプラス3からマイナス3の7段階のスコア（中立は0）で表現する方法論も発表されている。[3] 国際科学会議はこうした研究を主導し、すでに報告書も公表している。[4]「ポストSDGs」設定へ向けて、こうした研究はますます加速度を増していくであろう。

第2章　ＳＤＧｓが実現する経済、社会、環境の統合

(1) 国連と持続可能な開発――ストックホルムからリオ、そしてＳＤＧｓへ

総合的な目標の誕生

ＳＤＧｓは、国連の歴史上はじめて、環境と開発という2つの大きな議論の潮流を1つにした。これには非常に大きな意義がある。それまでは、環境をめぐる議論と、開発をめぐる議論の大きな流れが、2つに分かれて進められており、それが1つになることの重要性が叫ばれていたものの、実質的に1つになることはなかった。特に日本では、持続可能な開発論議は、環境問題の話だと考えられる傾向にあった。この2つの潮流が、ＳＤＧｓという総合的な目標が成立してはじめて、実質的に1つになったのである。

なぜ、いま、ＳＤＧｓが世界で注目されているのか。ＳＤＧｓの本質を理解するには、環境

と開発をめぐるこれまでの議論の経緯を振り返っておく必要がある。統合しようとしてなかなか統合できなかった経済、社会、環境の3側面をついに統合的に扱うアクションへと結びつけたSDGsの意義を理解するため、ここではまず国連における持続可能な開発に関する論議の50年近くの歴史を簡単に振り返る。

国連における持続可能な開発論議の幕開け

開発をめぐる論議は、長らく経済発展に関する論議と同義であった。第二次世界大戦後の荒廃、そして帝国主義がもたらした植民地主義からの解放という文脈のなかで、貧困を脱し、経済発展を遂げることがまずは繁栄のためには重要だという認識の下で、議論が行われてきた。

しかし、日本が高度経済成長の波に乗り、欧州各国も第二次世界大戦後の荒廃から復興を遂げる60年代ごろから、次第に経済成長の結果として、環境に対してゆがみが生じていることが明らかとなっていった。日本では四大公害をはじめとした公害が問題になった時期である。各国で同じような環境悪化が見られ、その原因に急速な経済成長があるという共通認識が高まった1972年6月、国連が「環境」と「開発」に関する最初の国際会議を開催した。国連人間環境会議（UNCHE：United Nations Conference on the Human Environment）、通称ストックホルム会議である。

ちょうどその年の1月に、ローマクラブが『成長の限界』を発表し、システムダイナミクス

（物事をシステムとしてとらえ、要素間の相互作用をモデル化する手法）による研究の結果、人類が当時のままの成長を続けると、100年以内に地球の成長は限界に達すると報告され、衝撃が走った後のことであった。当時は東西冷戦の真っただ中だったこともあり、経済成長の結果としての環境問題は、計画経済というイデオロギー上からも存在しえないとした旧東側諸国の参加はかなわず、113ヵ国の参加であった。しかしこのストックホルム会議こそが、今日いうところの「持続可能な開発」に関する最初の国連会議となった。ストックホルムでは、経済開発の結果としての環境問題について、人間環境の保全と向上が人類共通の原則だという「人間環境宣言」が採択された。

とはいえこの時点では、まだ「環境」と「開発」が一体として扱われることはなかった。

地球サミットの盛り上がりと環境と開発の分化

国連人間環境会議から20年後の1992年には、ブラジルのリオ・デ・ジャネイロで、当時最大規模の国連会議が開催された。通称地球サミットと呼ばれる、国連環境開発会議（UNCED）である。東西冷戦の終焉《しゅうえん》を受け、170を超える当時のほぼすべての国が参加し、うち110ヵ国ほどは国家元首や首相の参加という、当時最高のハイレベル国際会議だった。

1987年に通称「ブルントラント報告」といわれる『*Our Common Future*（我ら共有の未来）』が「持続可能な開発」の概念を提示したことを受け、環境と開発を不可分なものととらえて開催されたのが地球サミットであった。ブルントラント報告は、１９８４年に国連が設置したいわゆる賢人会議「環境と開発に関する世界委員会」の議論の結果提出された報告書である。

報告書では、持続可能な開発とは「将来の世代のニーズを充足する能力を損なうことなしに、今日の世代のニーズを満たしうるような開発」のことと定義された。今でも広く持続可能な開発の定義として示されることが多い。これを実現するためには、当然、現在の世代が資源を使い尽くしてはならないし、地球環境を破壊して将来世代が住むことのできない地球を残すことも許されない。現在の世代と将来の世代の公平性という、公平性の考え方に時間軸を導入することで、環境のことを考えない開発は持続可能ではない、ということを示したわけである。

地球サミットは、地球環境問題への注目を喚起する大きな契機となる国際会議であった。気候変動枠組条約と生物多様性条約という、極めて多くの他の課題との関連性をもつ国際条約の署名が開始され、21世紀が「環境の世紀」になるという機運が高まっていった。政治宣言としての「リオ宣言」は環境と開発が不可分であることを宣言し、その後の持続可能性に関するさまざまな議論の拠り所となる27の原則を決めた。

そのなかには、先進国と発展途上国の責任の差異化を論じる際に頻繁に用いられる、共通だが差異ある責任原則（第7原則）がある。あるいは、たとえ完全な科学的確実性が欠如していたとしても、深刻な、不可逆的被害の恐れがある場合には予防的措置をとらなければいけないという予防原則（第15原則）なども含まれている。

行動計画としての「アジェンダ21」は、持続可能な開発のための包括的行動計画として、国家計画やローカルレベルでの計画の拠り所となり、「ローカルアジェンダ21」も地方自治体によってつくられていった。リオでは政府間会議のほかにも、グローバル・フォーラムと呼ばれる100以上の国際会議が開催され、参加したNGOの数は2000以上にも上った。

こうした動きを振り返るにつけ、現在SDGsで語られる多くの事柄は、すでに地球サミットの時点で示されていたことに気付くであろう。

地球サミットの限界

ではなぜ地球サミットの成果は、SDGsほど多くのステークホルダーの具体的行動へとつながることがなかったのであろうか？　特にビジネスの動向を考えたときに、その差は歴然としている。現在、多くの企業の報告書にはSDGsへの対応が掲載され、もはや常識といってもよいほどに取り扱われている一方で、「アジェンダ21」への対応を正面から取り上げた企業はほとんどなかった。

その最大の理由は、環境と開発、つまり環境と経済活動に関する課題が、「アジェンダ21」では真に統合されたかたちで提示されていなかったことにあると、筆者は見ている。リオ宣言を見ても、その多くが、環境問題への関心を喚起するものとなっており、環境問題解決自体をビジネスとすることで、課題解決と経済成長の両立を図るというようなことは書かれてはいない。

もちろん、それまで政治的課題とさえ考えられていなかった環境の問題について、地球規模での環境問題が起こっていることや、各国共通の環境問題の存在を政治的な課題の一つとしてはじめて取り上げたことの意義は大きい。そのことが、その後のさまざまな対策にもつながっている。しかし、それが環境と経済の課題の具体的なかたちでの統合という本質に迫るには、まだ時間が必要だったということである。

象徴的なのは、日本における「アジェンダ21」のフォローアップが、環境基本計画によって行われていたことである。すなわち、このころ、持続可能な開発＝環境問題である、という言説ができはじめてしまったわけである。

ミレニアム開発目標（MDGs）とヨハネスブルグ・サミット

リオの地球サミットから8年が経ち、西暦2000年を迎えると、これを機に世界の課題を解決しようという機運も高まった。2000年9月の国連総会は、ミレニアム宣言という、新たな千年紀にあたっての政治宣言を承認した。平和、安全、軍縮、そして開発および貧困撲滅が前半を占めるミレニアム宣言のエッセンスは、ミレニアム開発目標（MDGs：Millennium Development Goals）としてまとめられた。このミレニアム宣言、そしてMDGsは、主として経済面における開発問題を扱うものであった。この時点でも、やはり経済と環境の文脈は一致しているわけではなかった。

ＭＤＧｓは8つの目標と、より具体的な21ターゲットをもつものとして、国連事務局が主導してまとめ上げた、２０１５年を達成期限とする目標群である。ＳＤＧｓは、直接的にはＭＤＧｓが２０１５年に達成期限を迎えることに伴う、後継目標という性格をもつことから、多くの要素はＭＤＧｓを踏襲している。なかでも、目標、ターゲット、そしてその進捗を測る60の指標によって構成される「3層構造」は、ＭＤＧｓが残した重要なレガシー（遺産）といってよい。ＭＤＧｓの目標は以下のとおりである。

目標１　極度の貧困と飢餓の撲滅
目標２　初等教育の完全普及の達成
目標３　ジェンダー平等の推進と女性の地位向上
目標４　児童死亡率の削減
目標５　妊産婦の健康の改善
目標６　ＨＩＶ／エイズ、マラリア、その他の疾病の蔓延《まんえん》の防止
目標７　環境の持続可能性の確保
目標８　開発のためのグローバルなパートナーシップの推進

これらの目標を見てもわかるように、MDGsは「開発と環境に関する諸課題をバランスよく盛り込んだ目標である」とはとていいえないものであった。環境に関する目標は目標7にかろうじて1つあるのみである。

つまり、この時点で「開発」といえば、ほとんどの場合が経済的な意味での開発を意味するものであり、とにかく経済的能力を向上させることが、世界全体の福祉向上に必要だという論調であった。MDGsでは特に極度の貧困や、それに関連する課題を解決することに主眼が置かれた。地球システム変動がこうした課題と複雑に関連を及ぼしあっているという、SDGsに見られるような認識は、まだなかったわけである。

ミレニアム宣言の1年後に、その宣言が行われた国連本部の所在地と同じニューヨークで起きた大事件は、こうした文脈での開発を進める重要性をさらに高めていくことになる。2001年9月11日、ニューヨークの世界貿易センタービルに旅客機が衝突したことに端を発する同時多発テロである。当初のテロの衝撃から、次第にその原因を探っていくなかで、テロリストたちを生み出す背景には深刻な貧困問題や、経済的な低開発の課題、そしてその背景にある国際的な格差の問題が大きく横たわっていることがわかってきた。すなわち、MDGsが目標としているような課題に対処できていないことが、テロを生み出す社会的な背景となっていることが次第に明らかになってきたのであった。

こうした時期に開催されたのが、持続可能な開発に関する世界首脳会議（WSSD）、いわゆるヨハネスブルグ・サミットである。会議はストックホルムから30年、リオから10年を記念して、2002年8月に開催された。しかし、準備会合が行われる時期に同時多発テロが発生したということもあり、持続可能な開発への政治的関心は、とりわけ限定されたものとなった。より大きな関心が、安全保障問題と、テロの背景となっている経済開発問題に向けられ、環境を主とすると考えられていた持続可能な開発問題から関心を奪っていった。

治安の不安定な当時のヨハネスブルグで開催されたということもあり、物々しい雰囲気のなかでサミットが行われたことを筆者も参加者の一人としてよく覚えている。そうしたなか、サミットでは、「アジェンダ21」の実施について、理念にとどまらずに、実体のあるものにすることへと関心が集まった。その結果、通常の外交文書ではなく、タイプ2文書といわれる文書が採択された。それは、官民を超えた多様なステークホルダーのパートナーシップによる、課題解決のためのプロジェクトを集め、登録した、プロジェクト・リストのような文書である。言葉のうえでの合意だけでなく、実体を伴うアクションを生み出そうという試みであり、この流れが、ルール作りよりも行動創出を重視する今のSDGsへとつながっているといってよい。

持続可能な開発の3つの柱

ヨハネスブルグ・サミットの成果でもう1つ特筆すべきは、国連における持続可能な開発の言説が、経済、社会、環境の持続可能性という3側面でとらえられはじめたことである。ヨハネスブルグでは、これらは持続可能な開発を構成する3つの「柱」として認識されはじめた。ただ、柱のなかでも、環境の柱が他の2本の柱に対して細く弱いため、これをいかにして太く強い柱としていくか、ということに議論の焦点が当たることが多かった。

とはいえ、柱は家屋を支えるうえで重要な構造物ではあるが、それぞれが相互に交わるわけではない。各柱は独立に、しかし全体として、家屋を支えているわけである。この時期の経済、社会、環境面での持続可能性というものも、まさに「柱」で支えあっているという表現が適切な状態であった。

逆にいえば、まだそれら3側面が相互にまじりあい、シナジーを生み出すというところまで認識され、実行されていたわけではなかった。MDGsとヨハネスブルグ・サミットがそれぞれ別個の文脈で開催され、その成果も統合されなかったように、環境と開発はこの時期、いまだ十分融合していたわけではなかった。

プラネタリー・バウンダリーとCOP15

科学的知見のコミュニケーションとしてその後強い影響を与えていくことになる「プラネタリー・バウンダリー」(PB、地球環境の境界)という概念が、2009年に提示された。これは簡単にいえば、地球の状態を安定的に保つための限界を明らかにし、現在の状態はそのどのあたりにあるのかを特定しようというものである。(1) 特定されたのは以下の9つのプロセスである。

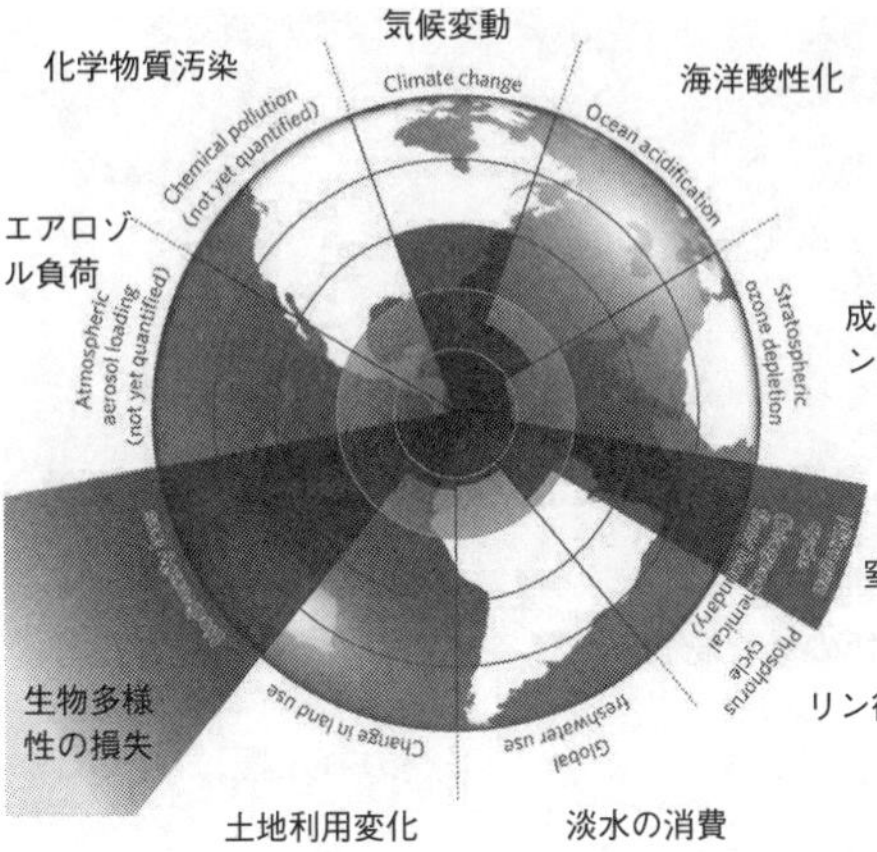

プラネタリー・バウンダリーの概念図（Rockstrom 他, 2009）

- 気候変動
- 成層圏オゾン層の破壊
- 海洋酸性化
- 生物多様性の損失
- 化学物質汚染
- 淡水の消費
- 土地利用変化
- 生物地球科学的循環（窒素およびリンによる汚染）
- エアロゾル負荷

このうち最初の3つ（気候変動、成層圏オゾン層の破壊、海洋酸性化）は特に「ビッグスリー」と呼ばれ、明確に定義された地球的な閾値《いきち》があり、それを超えてしまうとある状態から別の状態に急激に移行してしまうものとして特に注意を喚起している（図）。

この時点で気候変動、生物地球科学的循環、生物多様性の損失という3領域ですでに限界値を超えていたものが、2015年に提示された改定版では、さらに土地利用変化も加わった4領域で限界値を超えたとされている。

テロとの戦いに大きな関心が寄せられ、ヨハネスブルグ・サミット後の「持続可能な開発」をめぐる政治が停滞する一方で、この時期には、こうした科学からの声が、地球の変化への対応が急務であることを告げはじめた。こうした声を受けるなかで進んだのが、いわゆる「ポスト京都議定書」の議論であった。政策面では、2012年に京都議定書の第1約束期間が終了することに加え、米国が早々に京都議定書の枠組みから離脱していた。このことから、その後のグローバルな気候変動対策をどのようにするかを決めるための国連会議が、2009年にコペンハーゲンで開催された。気候変動枠組条約第15回締約国会議（COP15）である。しかし多くの期待とは裏腹に、残念ながらこの会議は失敗に終わった。

COP15の最終局面における首脳による直接交渉

それまでほとんどのＣＯＰでは、議論は環境大臣を中心とした「閣僚級」で行われていた。しかし、コペンハーゲン会議の重要性に鑑《かんが》みた事前の呼び掛けの成果もあり、会議の最終段階での議論には各国から首脳が集まり、しかも、米国のオバマ大統領やドイツのメルケル首相、フランスのサルコジ大統領といったそうそうたる顔ぶれが、直接最終文書について話し合うという異例の交渉を行っていた。それにもかかわらず、法的拘束力をもつ排出削減目標の設定という、会議の最大目標が達成できないという結果に終わっていた。

今から振り返ると実はこのことが、「ルールによるガバナンス」から、ＳＤＧｓやパリ協定を代表とする「目標ベースのガバナンス」への大きな転換点になったといえる。法的拘束力をもつ目標設定は、一見「目標ベースのガバナンス」に見えるかもしれないが、実際はその逆である。法的拘束力をもつ目標を設定し、これを達成させるためのさまざまなルールやメカニズムをつくるということは、ルールによるガバナンスの典型である。コペンハーゲンでは、先進国のみならず新興国もこの枠組みに入れていくことで、その究極的なかたちをつくろうとしたが、失敗した。これが、ＳＤＧｓ、そして気候変動に関してはパリ協定にも続く、「目標ベースのガバナンス」への転換を促していった。

リオ＋20、そしてＳＤＧｓへ

こうした展開を受けて開催されたのが、ストックホルム会議から40年、リオの地球サミットから20年、ヨハネスブルグ・サミットから10年の節目である2012年に、再びリオ・デ・ジャネイロで開催されたリオ＋20、国連持続可能な開発会議であった。

リオ＋20は、正直なところ当初はそれほど注目される会議ではなかった。いわゆる環境問題の専門家たちの間でも、10年に1度大きな会議を開催することの意味を問う声さえも上がっていた。ヨハネスブルグ・サミットの成果が十分でなかったことや、コペンハーゲンの衝撃もあった。加えて、環境保全の課題と経済開発の課題とが乖離《かいり》し、環境大臣の間で国際的に大きなことを決めたところで、国内に戻り、財務や経済担当大臣の前に戻ると、その実効性がほとんどなくなってしまうことへの失望感も出てきていた。

他方、今まで続いた会議をやめることの負の影響を懸念する声もあった。こうしたなかで決まったリオ＋20の中心課題は、グリーン経済と、持続可能な開発のための制度枠組みという2つであった。

前者はOECDや国連環境計画（UNEP：United Nations Environment Programme）などを中心に議論されており、本来は経済と環境を融合するための中心となるべき課題であった。しかし、本当にこれを実現しようとすれば経済システムの変革を伴うことになることから、それまでなかなか実質的な行動がとれずにきた課題でもあった。

後者は長年問題となっていたことであった。国連システムのなかで持続可能な開発や環境をめぐる国際制度は、それまで問題が出るたびに対処されてきたため、システマティックに対応されていないことが問題となっていた。結果として経済や社会問題に関する国際制度や国際機関と比べて、環境や持続可能性に関するそれが極めて弱いことが指摘されていた。国連環境計画が、国連機関における環境問題への対応の中心とされてはいるものの、「国際機関」ではなく「計画」として存在する補助機関にすぎず、幅広い分野に及ぶ環境問題を実質的な権限をもって調整するだけの力をもっていないことがその一因とされた。

持続可能な開発に関してはさらにひどく、「アジェンダ21」の進捗をフォローアップするために設立された「持続可能な開発委員会」は、国連経済社会理事会の下に設置された一委員会にすぎず、環境問題よりもさらに幅広い課題を扱うにはとうてい不十分な機能しかもち合わせていなかった。この委員会で行われていたのは、他のさまざまな会議体における議論や報告の繰り返しにすぎず、そこで新たな行動が起こったり、何かが決まるということはなかった。

こうした問題を解決すること自体は意義深いことではあったし、また、持続可能な開発をどう進めるかという一般的な議論を話し合う場としても、リオ＋20は期待されていた。他方、内容の複雑性もあり、広く持続可能な開発を議論する場というよりも、どちらかというと一部の専門家が関心を寄せる場、という域を出ていないのが、リオ＋20の現状であった。

筆者自身は、持続可能な開発に関する制度枠組みは、まさに自分が専門的に研究してきたことであり、ヨハネスブルグ・サミットの際にも、国連大学と一緒にこの課題についての政策提言を行っていた。2009年からは、地球システムガバナンス（ESG：Earth System Governance）・プロジェクトという、地球システムについて国際政治や経済、法的観点から研究を進める世界最大規模の研究プロジェクトの科学諮問委員の立場で、国際制度設計のあり方を研究するグループをリードしていた。そのため、リオ＋20に際しても、同研究グループからの政策提言をまとめる役割を担っていた。

SDGsの登場

こうした経緯で、リオ＋20のプロセスも詳細に追っていた。そんななか2011年7月にインドネシアのジャワ島中部の都市ソロで行われたリオ＋20の準備会合で、一つの提案が出された。SDGsをつくろうという提案である。提案したのは、南米のコロンビア、ペルー、グアテマラである。

当時は、リオ＋20とは別のところで「ポストMDGs」のあり方についての議論が進みつつあった。2015年に達成期限を迎えるミレニアム開発目標の後継国際目標をどうするか、という議論である。提案した3ヵ国は、MDGsの目標に深く関係する発展途上国の国々であり、その文脈で出てきた提案だろう、というのが、筆者の第一印象であった。

その2ヵ月後の9月、ESGプロジェクトからリオ＋20に提出するための制度改革提案を議論するために、「箱根《はこね》ヴィジョン・ファクトリー」と題するワークショップを箱根で開催した。ワークショップは、ニューヨークの国連機関や、日本政府の外交官、世界各地からの研究者など、研究者と実務家が40人ほど集まって開催した。そのなかにグアテマラ政府代表を務めるヒメーナ・レイバも含まれていた。

ワークショップでは、ヒメーナがSDGsというアイディアの重要性、それが持続可能な開発に関する制度をも変える可能性があることを強調した。多くの質疑が交わされながら提案への理解を深めるなかで、筆者を含むガバナンスの研究者たちも次第に説得され、ESGプロジェクトからの制度改革提案のなかにSDGsの考えを含めることが決まっていった(2)。

その後リオ＋20に至る約1年のプロセスでは、ガバナンス研究グループとしてのESGからの提言も、さまざまな場で議論された。リオ＋20準備プロセスを通じて、依然として、成果のなかに「目玉商品」がないことが明らかになっていくなかで、次第に「ポスト2015年開発アジェンダ」と連動する可能性のあるSDGsへと関心が寄せられるようになっていった。

2012年6月に開催されたリオ＋20は、「我々が望む未来（The Future We Want）」という成果文書に合意した。SDGsについては7パラグラフにわたって触れている。そこでは、SDGs設定へ向けたプロセスを国連総会のもとで開始すること、SDGsは行動指向であること、簡潔かつ伝達しやすいものであること、目標数は少なくすること、意欲的なものであること、グローバルな性質をもってすべての国に普遍的に適用可能なものであること、「ポスト2015年開発アジェンダ」（ミレニアム開発目標の達成期限である2015年以降の国際開発目標）に統合されるものであることなどが盛り込まれた。

この時点で「統合」の方向性はいまだ不明瞭《ふめいりょう》であり、「ポスト2015年開発アジェンダ」にSDGsが付属的に付け加えられるか、あるいはSDGsの要素が含まれるかたちで新たな開発アジェンダが成立していくのか等、さまざまな予測がなされた。「ポスト2015年開発アジェンダ」自体がSDGsとなり、それによって真に経済、社会、環境の統合がなされるのが理想的ではあるものの、まだその姿を予想できる者はほとんどいないというのが現状であった。

HLPFの設置

一方、リオ+20の当初からの焦点となっていた制度設計議論については、持続可能な開発をフォローアップする仕組みとして、従来の「持続可能な開発委員会（CSD：Commission on Sustainable Development）」に代わって「ハイレベル政治フォーラム（HLPF）」が新たに設置されることが決まった。それはCSD同様、通常は国連経済社会理事会のもとで開催されるフォーラムであるものの、4年に1度は国連の最高議決機関である国連総会の権威のもとで開催されることになった。こうすることで、他のフォーラムでの議論の焼き直しにとどまらない、政治的決定を行うことが可能なフォーラムに仕立て上げたわけである。

今ではHLPFはSDGsのレビューを行うフォーラムとして機能している感があるが、実は、HLPFはこうしてできた、SDGsに限らずに持続可能な開発の状況をレビューする機能をもつフォーラムなのである。

4年に1度国連総会のもとで行われるHLPFの最初の会合は、2019年に開催された。SDGsサミットとなるその会合では、日本をはじめ各国首脳がスピーチを行い、文字通りハイレベルなフォーラムとなった。国連における「持続可能な開発」のステータスが、確実に上がってきたことを実感する瞬間であった。

(2) SDGsが実現した「経済」「社会」「環境」の統合

SDGsの原型

リオ＋20での合意を経て、いよいよSDGs策定へ向けたプロセスが2013年から始まった。SDGsの合意形成プロセスは、すべてのステークホルダーへ開かれた政府間交渉プロセスで行われることとされ、それは「オープンな作業部会（OWG：Open Working Group）」と呼ばれることとなった。OWGは、5つの地域グループを通じて加盟諸国から指名される30名の専門家で構成されるとリオ＋20では合意された。しかし、「30人の専門家」とはどのような専門家であり、そしてどのように選ぶかといった点で、議論は当初想定していた以上に時間を要した。結局最初のOWGが開催されたのは当初予定から半年ほど遅れた2013年3月のことであった。

「30人の専門家」は、結局30の定員のいくつかを複数国が共有するという、国連特有のつじつま合わせで決着した。その構成は以下のとおりである。

1国1席：ベニン、コンゴ、ガーナ、ハンガリー、ケニア、タンザニア（6席）

2国1席：バハマとバルバドス、ベラルーシとセルビア、ブラジルとニカラグア、ブルガリアとクロアチア、コロンビアとグアテマラ、メキシコとペルー、モンテネグロとスロベニア、ポーランドとルーマニア、ザンビアとジンバブエ（9席）

3国1席：アルゼンチン・ボリビア・エクアドル、オーストラリア・オランダ・イギリス、バングラデシュ・韓国・サウジアラビア、ブータン・タイ・ベトナム、カナダ・イスラエル・米国、デンマーク・アイルランド・カザフスタン、フランス・ドイツ・スイス、イタリア・スペイン・トルコ、中国・インドネシア・カザフスタン、キプロス・シンガポール・アラブ首長国連邦、ガイアナ・ハイチ・トリニダードトバゴ、インド・パキスタン・スリランカ、イラン・日本・ネパール、ナウル・パラオ・パプアニューギニア（14席）

4国1席：アルジェリア・エジプト・モロッコ・チュニジア（1席）

結果としては、なんとも珍しい組み合わせがいくつも現れた。あるグループは事前に発言内容を調整するが、他のグループはそれぞれの国がバラバラに発言した。その点では、従来の国連におけるグループ化を覆し、まさに参加国を限定しないオープンな合意形成プロセスがつくられていった。日本もまた、ユニークなグループに入った。イラン、ネパールと1つのグループを構成することは、それまでになかったことといってよい。

最初の会合でハンガリー国連大使のチャバ・コロシとケニア国連大使のマチャリア・カマウを共同議長に選出したOWGは、それから翌2014年7月にかけて合計13回開催された。

SDGs策定プロセスは非常にユニークなものであった。合意文書の交渉という国際交渉の常道にすぐ入るのではなく、当初8回は現状調査（stocktaking）のためのセッションとして、毎回テーマを設定し、その課題について専門家による情報提供や意見交換が行われた。ようやく内容の交渉を行ったのは、約1年にわたる意見交換を終えた2014年3月の第9回セッション以降の合計5回であった。

実はこのSDGs策定プロセスこそが、のちにSDGsの普及につながる要因となっている。従来型の外交の専門家による交渉で目標やターゲットをつくるのではなく、専門家の声を聞くことで、本当の課題がどこにあるのかを明らかにしてから、その内容を詰めていったのである。こうすることで、より現場の声に近い、地に足のついた課題設定ができていった。

また、交渉の進め方もユニークであった。

国連交渉は、通常、たたき台のテキストを作成してから、そのテキストの過不足を議論するかたちをとる。こうすることで、最終決定する前のさまざまな考えをブラケット（括弧【】）

のなかに列挙したうえで、文章を統合したり削ったりして最終的な合意文書をつくる。いったん考えを洗い出してから、コンセンサスをつくる過程が交渉となる。

こうすることで、さまざまな考えが可視化されたうえで最終案ができるというメリットがある。しかし、言葉とその背後にある利害関係や法的な効果を考えるうちに、次第に文章が複雑でわかりにくくなってしまったり、最終的な言葉にたどり着くまでに解釈の可能性を検討するため、結果的に多くの時間がかかる、というデメリットもある。経済的な利害関係が絡めば、交渉の着地点を見出すことはより困難になる。典型的な例が、コペンハーゲンの気候変動枠組条約COP15であった。

対照的に、SDGsの交渉は、すべて議長持ち帰りという形式をとった。つまり、毎回の交渉結果を踏まえて議長が次の案を提示し、また意見を聴取しながらそれを踏まえた次の案を議長が提示するのである。これは、法的枠組みをつくるのではなく、目指すべき目標を議論するという内容面から可能となったプロセスともいえる。同時に、議長がすべての意見を取り込んでくれている、という信頼があってはじめて成立するプロセスでもある。

このようにユニークな策定プロセスのなかで、将来のSDGsのもととなる「フォーカス領域(focus areas)」が提示されたのは2014年2月のことであった。最初は19の領域が示された。その後、統合や分裂を繰り返し、7月19日に出された最終案には、17の目標と169のターゲットが盛り込まれた。9月の国連総会では、この提案が「ポスト2015年開発アジェンダ」に統合されることになるSDGsの基礎となることが決定した。そして結果的には、OWG提案がほぼそのまま、今のSDGsとなっていった。

SDGs策定プロセスとポストMDGs

SDGs策定プロセスの最大の効果は、従来本格的に交わることのなかった経済、社会、環境面の持続可能性の議論を1つに統合したことである。これは多分に偶然のタイミングがなせる業でもあった。

それまで、いわゆるポストMDGsを検討する「ポスト2015年開発目標」の論議は、国連事務局主導で行われていた。これは、MDGsが国連事務局主導でできた流れを汲《く》んでのことでもある。論議はすでに2012年7月に、事務総長による著名人ハイレベルパネル設置によって加速されていた。ハイレベルパネルを構成していたのは、インドネシアのユドヨノ大統領、リベリアのエレン・ジョンソン・サーリーフ大統領、イギリスのデイヴィッド・キャメロン首相という3人の共同議長をはじめ、日本の菅直人《かんなおと》首相を含む27人の政治的リーダーたちであった。その議論はすでに2013年5月までに結論に至り、7月には国連事務総長報告を出していた。報告書は、以下の12の目標とターゲットを提言した。

・貧困の終焉

・少女と女性のエンパワーによるジェンダー平等
・教育の質と生涯教育
・健康な生活
・食料安全保障と栄養確保
・水と衛生へのアクセス
・持続可能なエネルギー
・職業創出、持続可能な生活と衡平な成長
・持続可能な自然資源管理
・良いガバナンスと効果的制度
・安定した平和な社会
・グローバルな環境づくりと長期的資金促進

要するに、2013年7月時点で、MDGsの延長、つまり国際開発の側面からの「ポストMDGs」論議は、すでに結論を得ていたわけである。これにより、この12項目が大筋では「ポスト2015年開発目標」を形成するものだという見方が大勢となった。同時並行的に行われていたOWGにおけるSDGsについては、この12目標を肉付けしたり、あるいは付属的につけられるものになりそうだと思われた。

ところが実際に起こったのは全く逆のことであった。「ポストＭＤＧｓ」の結論が、ＳＤＧｓの議論のなかに吸収されていったのである。

なぜこのような大逆転が起こったのか。

「ポストＭＤＧｓ」論議が早々に一定の結論を出した２０１３年の夏以降、「ポスト２０１５年開発目標」を議論するフォーラムは、ＳＤＧｓに関するＯＷＧに絞られたことがその大きな要因である。ＯＷＧはまた、一部のハイレベルのリーダーだけに閉じられた議論を行うわけではなく、広く開かれた議論の場であった。さらには交渉の場がオープンというだけでなく、インターネットによる「マイ・ワールド」という意見収集で、約１０００万人の声が１９４ヵ国から寄せられた。こうして、２０１５年以降の国際開発目標に関心をもつ者の声は、２０１３年半ば以降次第にＯＷＧのプロセスに収斂《しゅうれん》していくことになり、そのことが、「ポスト２０１５年開発目標」＝ＳＤＧｓ、という流れをつくりだしていった。

こうしたプロセスは、ＳＤＧｓがＭＤＧｓの経験を生かすうえでも有効に働いたといえる。

たとえば、ＭＤＧｓではグローバル・レベルの目標が示されていたものの、地域や国ごとの状況を勘案しきれていなかった。このため、国ごと・地域ごと、あるいは目標ごとに達成度のギャップがあった[3]。特に取り残されてしまったのがサブサハラ（サハラ砂漠以南）・アフリカ地域である。その一方で、中国をはじめとした新興国の高度経済成長は貧困層の底上げにもつながり、グローバル・レベルで見たときには結果として目標達成へ向けた進捗を良好に見せた。

このような反省を踏まえ、ＳＤＧｓをどのような構成にすべきかについて、筆者は、ハンガリーのチャバ・コロシＯＷＧ共同議長と共同で、２０１３年初頭にニューヨークでワークショップを開催した。筆者がリーダーを務めていた環境省の戦略研究プロジェクト「ＰＯＳＴ２０１５」と、先に触れた地球システム・ガバナンス・プロジェクト（ＥＳＧ）、それに国連大学サステイナビリティ高等研究所（UNU-IAS）とが共同開催した、ステークホルダーとガバナンスの専門家40人ほどが集まるワークショップである。

その結果、旧来のＭＤＧｓ型で、世界で統一の目標を定める普遍的目標設定形式を超え、各国や地域、地方がその状況を踏まえたかたちで目標やターゲットを策定する必要があるという結論に至った。その後、科学的根拠を加えた政策提言を取りまとめ、公表した。

その結果がどれほど最終成果に影響を与えたかは、正確にはわからないものの、コロシ共同議長によれば、この結果が「２０３０アジェンダ」の左記のパラグラフ策定につながったということである。

55（各国の状況を踏まえた差別化）持続可能な開発目標（ＳＤＧｓ）とターゲットは、各国の置かれたそれぞれの現状、能力、発展段階、政策や優先課題を踏まえつつ、一体のもので分割できないものである。また、地球規模かつすべての国に対応が求められる性質のものである。ターゲットは、地球規模レベルでの目標を踏まえつつ、各国の置かれた状況を念頭に、各国政府が定めるものとなる。また、各々の政府は、これら高い目標を掲げるグローバルなターゲットを具体的な国家計画プロセスや政策、戦略に反映していくことが想定されている。(以下省略)

このほかにも、MDGsでは各目標の具体性と包括性が不十分であったために達成できなかったという指摘や、目標や課題間の相互関係や、目標達成のロードマップが見えないといった指摘もあった(4)。このようなさまざまな指摘は、より具体的に目標やターゲットを示すことで実効性が強化されたり、特に科学技術イノベーションの分野におけるロードマップ策定やそのためのガイドライン策定というかたちで、SDGsに生かされているといってよい。

また、MDGsの良かった点も踏襲されている。そもそもMDGsによって結果ベースのマネジメント方法の良さが証明されたことが、大目標を設定することで変革へ向かおうというアプローチ自体に生かされているといってよい。さらには、多くの国ではODA(政府開発援助)が増加し、発展途上国では貧困対策などの政策の優先順位が上がったことなども、MDGsのアプローチの正当性を伝えるものとなっている。

他方で、MDGsに含まれない政策の優先順位が下がってしまった、という負の側面もある。特に、指標によって数値による管理をすることで、その得点を上げることに腐心するあまり、他の課題がなおざりにされてしまったという指摘は傾聴に値する。

こうしたさまざまなMDGsの長所短所がSDGsに生かされていったのも、MDGsとSDGsの文脈が合致していったからにほかならない。

経済、社会、環境の統合実現へ

SDGs策定過程で、経済、社会、環境のそれぞれに関するNGOも連携を強め、また、相互の課題に関する考えを深めていった。「POST2015」プロジェクトでは、毎年1月にシンポジウムを開催していたが、特に2014年のシンポジウムからは、経済、社会、環境に関する団体が一堂に会し、活発にSDGsに関する議論を行ったことが印象に残っている。

SDGsができた2015年の国連総会の際には、議場外でも、アフリカのエイズを中心とした開発援助問題を扱ってきたNGOの代表が、環境への対策が重要だと真顔で話していたのが印象的であった。

SDGs時代に入り、持続可能な開発も、経済、社会、環境が3つの「柱」だとする表現から、これら3側面の「統合」が重要だという表現に変わってきた。リオ＋20の成果文書「我々が望む未来（The Future We Want）」では、「持続可能な開発を達成するためには、経済的、社会的、環境的側面を統合し、それらの相関を認識し、あらゆるレベルで持続可能な開発を、主流としてさらに組み込む必要がある」との表現が用いられている。また、SDGsが掲載されている「2030アジェンダ」では、前文で、SDGsが「持続可能な開発の3側面、すなわち経済、社会および環境の3側面を調和させる」と述べている。そのうえでさらに具体的に「すべての形態および側面の貧困の終焉、国内的・国際的不平等との戦い、地球の維持、持続的・包摂的・持続可能な経済成長をつくりだすこと、並びに社会的包摂性を生み出すことは、お互いに関連しあっており、相互に依存している」とも述べている。

持続可能な開発の新たなイメージ（Griggs et al. 2013）

学術面でも、SDGs時代における「持続可能な開発」の再定義検討プロジェクトが立ち上がった。国際科学会議（ICSU）を中心に構成された11人の共同研究者のうち唯一の社会科学者として、筆者もプロジェクトに参加した。成果は、2013年3月21日付の科学雑誌『ネイチャー』に公表した[5]。

「持続可能な開発」の定義として広範に引用されるのは、ブルントラント委員会による「将来の世代の欲求を満たしつつ、現在の世代の欲求も満足させるような開発」というものである。プロジェクトは、この定義は、地球システムの限界や、それが社会・経済開発に及ぼす資源・環境上の制約を必ずしも十分明示的に示していない点をまず指摘した。そのうえで、地球システムが転換期にある現代では、「持続可能な開発」の再定義が必要であると結論づけた。

新定義では、持続可能な開発とは「現在および将来の世代の人類の繁栄が依存している地球の生命維持システムを保護しつつ、現在の世代の欲求を満足させるような開発」のことであるとした。その意図は、そもそも生命存続に必要なものとしての地球システムというのは必要最低条件であり、その健全な維持という前提条件があってはじめて、社会の持続性や経済の持続性が成り立つという、いわば環境、社会、経済が「入れ子」状の状態になっているという認識である。もはや3つの柱という発想ではなく、入れ子の中を考えるときには、その前提条件を必然的に融合させて考える必要があるということである。

この共同研究参画メンバーは、それぞれこの概念を立体的に表現しようと試みている。筆者はこれを木の図で表現し、それぞれの層が幹によって有機的につながっているイメージで表した。それはのちに『環境白書』にも引用された（口絵参照）。

またヨハン・ロックストロームらは、これをウェディングケーキ状の図で表現している（口絵参照）。

1972年から経済開発とその結果としての環境問題という課題が国連で議論されはじめ、それから40年以上が経ち、ようやく経済、社会、環境の持続可能性が、同じ土俵で、そして相互依存関係を十分勘案したうえで、議論されるようになったのである。言い換えれば、企業などの経済的主体が、社会と環境の持続可能性を正面から取り上げるための、世界規模でのコンセンサスがようやくできたわけである。その意義は計り知れないほど大きい。ＳＤＧｓ成立の最大の意義といっても過言ではない。

第3章　ＳＤＧｓの全貌

ＳＤＧｓの17目標、１６９ターゲットにはどのようなものがあるのだろうか。本章ではこれらを一通り見ていくこととする。これまでも繰り返し指摘してきたように、ここでの重要なポイントは、ＳＤＧｓの目標やターゲットは一つ一つが独立したものというわけではなく、17目標が全体として一つの目標体系になっており、相互に連関しているという点である。つまり、一つの目標達成には別の目標に関する課題を勘案することが必要になっている。以下、最初にＳＤＧｓ各目標の筆者らによる日本語新訳を、【】内にアイコン記載の略文を示す。目標とターゲットの全文については巻末を参照されたい。

目標1：あらゆる場所で、あらゆる形態の貧困を終わらせる【貧困をなくそう】

「だれ一人取り残されない」世界をつくるために、まず最初にくる「1丁目1番地」の目標が、貧困をなくすことである。貧困の終焉が最初の目標として掲げられているという点は、ミレニアム開発目標（MDGs）を踏襲しているが、大きな違いもある。MDGsでは貧困終焉目標の下にあるターゲットは3つあったが、SDGsではターゲットが7つと大幅に増えている。しかも、MDGsで取り上げられたターゲットのうちの2つ、すなわち雇用に関する1Bおよび、飢餓に関する1Cは、SDGsでは別の目標の下のターゲットへと移動している。つまり貧困終焉だけをとっても、ターゲットの数が1つから7つへと6つ純増している。それほどまでに、包括的かつ総合的に課題をとらえているのが、SDGsなのだ。

ターゲット1・1は、MDGs同様、国際的な貧困ラインを1日1・25ドル未満で生活する人々と定義し、貧困をゼロにすることを目指す。世界銀行は貧困ラインを1日1・90ドルとしているが、SDGsはMDGsと同じラインに維持した。このことで、1990年を基準年として2015年までに貧困半減を目指したMDGsからの目標の深化がわかりやすくなっている。2015年時点でその人口は7億3600万人いるとされており、実にそのうち4億1300万人はサハラ以南アフリカにいる。

ターゲット1・1を見ると、SDGsもMDGs同様、発展途上国の課題を取り上げており、日本のような国にとっては、開発援助の文脈ぐらいでしか関係のない目標ではないか、と思う向きもあるかもしれない。が、ＳＤＧｓにはさらにその先にまだ6つのターゲットが連なる点で、普遍性が格段に高い目標となっている。

ターゲット1・2には、「各国で定められた」貧困状態にある人々を半減することが掲げられている。貧困は途上国だけの問題ではない。先進国であっても貧困は存在する。そうしたあらゆる次元の貧困を少なくとも半減するということになると、すべての国に普遍的に通じる課題ということになる。

日本を見ると、相対的貧困や、子どもの貧困が社会問題になっており、最近では高齢者の貧困も大きな問題になっている。厚生労働省の国民生活基盤調査によると、相対的貧困率は「等価可処分所得の中央値」の半分に満たない所得の人の、総人口に占める割合と定義される。これはおよそ１２０万円程度未満の所得が貧困となることを意味し、率でいうと15～17％程度を推移し、２０１５年では15・7％に上る。日本人の約6人に１人が相対的貧困状態にある。子どもの貧困率は、２０１５年は13・9％に減ったものの、２０１１年から増加傾向にあり、13～16％程度を推移している。こうした貧困を２０３０年までに半減することが、ＳＤＧｓ達成につながる。

もう一つ目標1について特筆すべきは、ターゲット1・5が気候変動に言及していることである。気候変動は一見、地球環境問題であり、貧困には関係ないと考える向きも多いのではないだろうか。しかし、その気候変動が、実は貧困と非常に強くリンクしていることを再確認させてくれるのも、SDGsなのである。

気候変動に関連する極端な気象現象が生じると、その被害を最も大きく被ることになるのは貧困層だ。海水温度の上昇が一因となり強度を増す台風や大雨の影響で、洪水や鉄砲水が、数十年に1度という規模でやってくる。その土地では50年に1度かもしれないが、その規模の災害が、場所を変えながら、毎年のようにやってくるのである。家や職場が流されたり、倒壊したりという被害も少なくない。そうした被害は、貧困層の人々が最も被りがちである。

さらに、復興には時間がかかる。そうなると、貧困層の人々にかかる負担は平常時よりもさらに大きくなり、貧困状態から抜け出せなくなってしまう。あるいは、貧困ラインぎりぎりの生活をしていて職場がなくなってしまうと、それがきっかけとなり貧困状態に陥ってしまうこともある。災害の影響は、社会的に脆弱《ぜいじゃく》な人々のところにどんどん付け込んでいくことになる。

こうしたことは、気候変動に起因する影響にとどまらない。地震や火山の噴火の影響など、あらゆる災害に共通することでもある。2015年にネパールを襲った地震では、新たに70万から100万人が絶対的貧困状態（1日1・25ドル未満）に陥ったともいわれている。さらにはコロナ禍の影響も貧困を悪化させていることがわかっている。これもまた、「経済、社会、環境的な打撃」の一つである。

ターゲット1・5は貧困をなくすための目標として、こうした脆弱な人々が被害にあったとしてもその回復力を高め、強靭《きょうじん》にしていくことを掲げている。その意味で、SDGsの目標同士が相互に関連していることを象徴的に表しているものといえる。

目標1には、このほか社会保障へのアクセスに加え、天然資源、新技術、金融サービス、金融資源等に対する平等な権利を確保することなども含まれている。

目標2：飢餓を終わらせ、食料の安定確保と栄養状態の改善を実現し、持続可能な農業を促進する【飢餓をゼロに】

SDGsのアイコンに書かれるコピーでは「飢餓をゼロに」と表現される目標2であるが、そのカバーする範囲には、農業、食料、栄養といった課題など合計8つのターゲットが含まれ、幅広い。飢餓をなくすというのは、ただ食べ物によって空腹を満たすということではない。2015年時点で7億8400万人といわれる栄養不良の人々をなくして、栄養のある食料を十分得られるようにする必要がある。特に、5歳未満の子どもや妊産婦、高齢者の栄養をしっかり満たしていくことが強調されている（2・2）。地域的に見ると、サブサハラ・アフリカと南アジアにおいて、栄養不良人口が全世界の3分の2に上るほど多くなっている。

ここで難しくなるのが、食料生産と、土地利用や自然環境、生態系の維持といった課題との関係である。これまでのように食料増産を行おうとすれば、大規模農場の経営によって生産量を増やすことが近道である。ただこれをやってしまうと、大幅な土地利用変化や生態系の崩壊が伴いかねない。あるいは貴重で希少な遺伝資源が大企業によって発見されたり、開発されたりすることにより、伝統的に地元住民が使っていた薬草などの資源が使えなくなるという負の側面も生じかねない。

SDGsではそうしたかたちでの食料生産に歯止めをかけるための方向性も示されており、文字通り、経済、社会、環境という3側面を横断するターゲット設定が行われている。

ターゲット2・3は、小規模食料生産者の農業生産性や所得倍増を掲げているし、2・4は生産性向上や土地・土壌の質の改善を通じた持続可能な食料生産システム構築を掲げている。そのうえで、遺伝的多様性の維持や、伝統的に薬草などとして使用している遺伝資源が開発されることによって、地元の人々がこれを使用できなくなるような事態が起こらないように、利益が生じたときには公正かつ公平な利益配分が行われることにまで言及している(2・5)。

持続可能な農業を目指すということは、気候変動対策を考えるということでもあるから、目標2もまた、気候変動やその他の災害への対応に言及している。2・4は気候変動やその他の災害に適応する能力を向上させることで、被害にあいにくい、あるいはたとえ被害にあったとしてもすぐに回復するような、「レジリエントな農業」の実践を目標に掲げている。

ターゲット番号のうち、実施手段に関するものはアルファベットで書かれている。目標2の

a、b、cのターゲットでは、農産物輸出補助金の撤廃などを通じた市場のゆがみの是正や、食料価格の極端な変動防止といった、市場に関する目標が並ぶ。世界経済のなかで、生態系や自然環境を維持しながら食料生産を行い、飢餓をなくしていく、そんな包括的な目標設定が行われている。

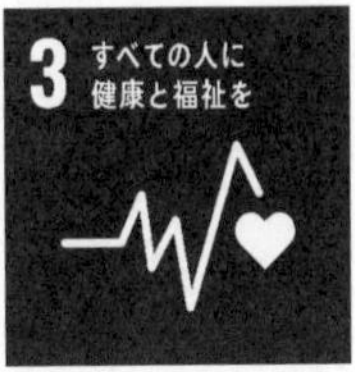

目標3：あらゆる年齢のすべての人々の健康的な生活を確実にし、福祉を推進する【すべての人に健康と福祉を】

2020年に世界に広まった新型コロナウイルス。このような感染症を2030年までになくすことはターゲット3・3にも掲げられるSDGsの目標だ。また、ワクチンや医薬品開発支援も3・bに見られる。期せずして得られた2020年の教訓をきちんと生かし、コロナ・ショックを機にさまざまな変革を促進することが、SDGs達成にもつながる。

目標3は、どのように目標達成を進めるかに焦点を当てた目標17を除くと、最も多い13個のターゲットを含んでおり、非常に多岐にわたる具体的課題が挙げられている。MDGsの目標4（5歳未満児死亡率を3分の1にする）や目標5（妊産婦死亡率を4分の1にする）で掲げられていた目標を深化する（それぞれ1000人中25人以下と10万人あたり70人未満）ものから、薬物乱用やアルコールの過剰摂取、たばこ規制の問題、そして道路交通事故死傷者半減に至るまで、

「健康的な生活と福祉の推進」がカバーする非常に多くの課題を含んでいる。

なかでも日本政府がSDGs策定時から特に力を入れているのが、ターゲット3・8にあるユニバーサル・ヘルス・カバレッジ（UHC：Universal Health Coverage）の達成である。UHCとは、「すべての人が、適切な健康増進、予防、治療、機能回復に関するサービスを、支払い可能な費用で受けられる」ことを意味する。(1) そのためには、保健医療サービスが身近にあるという物理的なアクセス、保健医療サービス利用にあたって費用が障壁にならないという経済的アクセス、そして、保健医療サービス利用にあたって社会的な反対や、言葉が通じないといったことがないという社会慣習的アクセスの3つのアクセスの確保が必要になる。こうしたことを考えると、必ずしも先進国でも十分確保されているわけではないことがわかる。経済的アクセスということを考えると、医療費の自己負担や医療機関までの交通費といった費用の問題が関連し、そうなると中山間地域の住民への対応はどうするのか、といった課題に関連してくる。社会慣習的アクセスということを考えると、外国人や障がい者といった相対的に脆弱な人々への対応という、社会的包摂性に関連する。まさに、健康という問題に限定されない、総合的な問題となっていくわけである。

目標3のターゲットはまた、具体的な数値目標を伴うターゲットが多いという特徴ももつ。数字で示される3・1〜3・9のターゲットのうち、3・5と3・9を除いては具体的な数値目標を（少なくとも部分的には）もっている。

3・1は妊産婦死亡率10万人あたり70人未満が目標である。これは2013年に210人だった状況からのさらなる削減を具体的に示している。

3・2は2012年に1000人あたり48人だった5歳未満児の死亡率をさらに削減し、2030年までに新生児および5歳未満児の予防可能な死亡をゼロにする目標を掲げた。

3・3はこの項の冒頭で述べたとおりだが、その他にもMDGsの目標6で掲げられていたHIV／エイズ、マラリア、その他の疾病の蔓延防止をさらに進め、エイズ、結核、マラリアおよび顧みられない熱帯病をゼロにするとしている。2017年のHIV感染者数3690万人、そのうち新たな感染者数が180万人という現状を考えると、必要とされている行動の大きさもわかる。

3・4では、心血管疾患、癌《がん》、糖尿病、慢性の呼吸器系疾患といった非感染症疾患による早期死亡率を3分の1減少させるとする。このターゲットの進捗を測る指標を見ると、自殺率というものもある。2018年の『自殺対策白書』(厚生労働省)によれば、日本における自殺率は低下傾向にあるものの、2015年時点でもいまだ10万人あたり20人弱程度いる。これをどの程度減らしていくか、国連では決めていないが、日本で決めるべきである。

3・6は、WHO(世界保健機関)によると死者だけで毎年約135万人いるとされる世界の道路交通事故死傷者の半減を目標に掲げる。その達成目標年は2020年と、非常に野心的な目標となっている。死者の半分以上は歩行者、自転車、オートバイなどであり、弱者の被害が多い。

3・7は、性と生殖に関する保健サービスへのアクセスの100%達成を目標とする。

そして3・8はUHCの達成である。

医療へのアクセスや能力・知識の向上は、発展途上国だけの課題ではない。日本における地方自治体のなかには、少子高齢化に伴う医療費の増大を解決するための糸口としてSDGsの活用を考えるところが少なくない。持続可能な医療・健康システムの構築である。後期高齢者1人あたり医療費は2017年度で95万円程度に上る。人生100年時代といわれるなかで、健康を維持しながら幸せに生き続ける仕組みを生み出すことは、持続可能な社会をつくる基本である。コロナ対策で明らかになった医療従事者数や病床数不足といった課題も、早急な対応が必要とされる。日本が推進するUHCを世界でリードできるかどうかのカギは、足元でのこうした仕組みづくりにかかっている。

目標4：すべての人々に、だれもが受けられる公平で質の高い教育を提供し、生涯学習の機会を促進する【質の高い教育をみんなに】

教育分野については、SDGsが設定される以前から、持続可能な開発のための教育（ESD：Education for Sustainable Development）という文脈ですでにSDGsにつながる議論が進められていた。また、MDGs以前から、初等教育の質・アクセス向上、就学前教育、包摂的教育、ライフスキル教育、成人識字教育等6つの目標をもつ「万民のための教育（Education for All）」の議論も国際的に進んでいた。こうした流れから、この分野では議論を進める土台が成熟していた。ＳＤＧｓの内容をどうするかという議論が行われていたころに筆者が進めていた「ＰＯＳＴ２０１５」プロジェクトにおいても、この分野のテーマリーダーを務めていた北村《きたむら》友人《ゆうと》（現東京大学准教授）が、持続可能な開発の実践に有効な知識や価値観などの多様な知識群を「リテラシーズ」と総称し、その習得が重要だと説いていた。

　そうしたなか、ＳＤＧｓは教育の「量」から「質」への転換を目標として定めることで、まとまっていった。初等教育を受ける人数が増えていっても、１クラス１００人では、とても授業が進まない。あるいは、入学者数が増えたとしても、卒業者が少なくては、教育の目的は達成できたとはいえない。ＭＤＧｓの効果もあり、初等教育を受けられない児童数は２０００年の１億人から２０１2年の５８００万人へと約半減したとはいうものの、教育の質の向上が、次に克服すべき課題としてクローズアップされたのである。そのために、質の高い教員数の増加が必要なことも認識され、目標として設定された（ターゲット４・c）。

　ターゲット４・１は、すべての子どもが、無償かつ公正で質の高い初等教育・中等教育を修了することを目標としたうえで、その指標は、読解力および算数について、最低限の習熟度に到達している児童生徒の割合で計測するとした。初等教育の就学率や識字率によって進捗を測ろうとしていたMDGsよりも、教育の質をより重視した指標設定となっており、それによって質の向上が進むように仕向けられている。

質を重視した教育は、小中学校以前の乳幼児の発育や就学前教育（4・2）、小中学校以降に受ける高等教育（4・3）、職業教育（4・4）、さらには「すべての学習者」が持続可能な開発のための知識と技能を取得できるようにする（4・7）などといったように、あらゆる教育段階で強調されている。

もとより、SDGs達成のためには、あらゆる人が持続可能な開発のための知識を取得し、学習し、あるいは研究をしていく必要がある。たとえば、その実現のためにはどのようなライフスタイルが求められるのか、多様性をもった文化はどのように持続可能な開発に貢献しうるのか、という知識を得ることができれば、持続可能な社会に近づくだろう。筆者が指導する学生のなかには、江戸時代の暮らしぶりのなかに持続可能な開発へ向けたエッセンスがあると主張し、研究を続ける者もいる。

こういったことを考えると、目標4は、他の目標にもまして、17目標すべての実現の前提となるような、横断的な目標だということに気付くであろう。そのことを象徴的に示すターゲット4・7は以下のように述べている。

4・7　2030年までに、すべての学習者が、とりわけ持続可能な開発のための教育と、持続可能なライフスタイル、人権、ジェンダー平等、平和と非暴力文化の推進、グローバル・シチズンシップ（＝地球市民の精神）、文化多様性の尊重、持続可能な開発に文化が貢献することの価値認識、などの教育を通して、持続可能な開発を促進するために必要な知識とスキルを確実に習得できるようにする。

ＳＤＧｓをよく見ていくと、格好の教育ツールとなっている。17目標と１６９ターゲットは、新しいかたちの問題集といってよい。従来型の、問題が書いてあって答えを導く問題集とは全く逆に、答えは書いてあるが、その答えを導くプロセスが書かれていない問題集である。このことは、教育の進め方自体にも問題提起をしているといえよう。

目標5：ジェンダー平等を達成し、すべての女性・少女のエンパワーメントを行う【ジェンダー平等を実現しよう】

『広辞苑』によれば、ジェンダーとは、「社会的・文化的に形成される性別」で、生物学的な性別とは異なる。目標5では、ジェンダーを理由にした差別に反対する。その意味では、生物学的な性別としての女性だけでなく、男性もジェンダー平等で考えるべき対象となるが、目標5にあるターゲットを見ると、そのほとんどが女性に関するものである。それほどまでに、社会的に見たときの女性の地位が低く、評価されていないのが現状だからである。2019年のSDGsの進捗報告書によれば、女性は労働者全体の39％であるものの、管理職はわずか27％にとどまる。国会議員に女性が占める割合は2010年の19％から増加したとはいえ、いまだ24％で、全議員の4分の1に満たない。日本に至っては世界全体の数値よりもさらに悪い。上場企業の役員に占める女性の割合はわずか4・1％という無残な状況である。(2) 衆議院議員に女性が占める割合は2019年で10・2％。目標5の達成は、ジェンダー平等後進国日本にとっては、特に深刻な課題である。

目標5に含まれる目標は、女性および少女への差別（5・1）、人身売買や性的暴力（5・2）、早期結婚、強制結婚、女性器切除の慣行（5・3）といった、日本では犯罪と考えられるような事柄の排除や撤廃から、政治、経済、公共分野における女性の参画やリーダーシップの平等な機会（5・5）といった事柄まであり、この課題の根深さを感じさせる。こうした課題を克服し、ジェンダー平等という目標を達成するためには、もちろん、政策的および法的措置の導入や強化が必要である（5・c）。しかし、ジェンダーが社会的、文化的に形成されるものである以上、価値観から大きく変えていく必要があるのがこの課題の本質であり、大変革が必要であることはいうまでもない。逆にいえば、ジェンダー平等を実現することが、目標4にある教育の目標達成や、目標8にある人間らしい仕事といった目標達成にもつながる。極めて横断的かつ根本的な目標がジェンダー平等なのである。

ジェンダー平等は、SDGsに含まれる他の目標同様に、社会的、文化的な多様性を超えて、普遍的にグローバル・スタンダードとして適用すべき目標である。この観点から気になるのは、ターゲット5・aである。そこでは国ごとの多様性を重視する他のターゲットと同様、「各国法にもとづき」女性に対してさまざまな権利を与える改革が必要である、と述べる。本来であれば、こうした人間の権利に関する問題に関しては、国家権力を超えて進めることも必要になる。しかし、SDGsは国連加盟国による国際交渉の結果生み出されたがゆえに、国家主権という原則の侵害を気にする国によって、こうした文言が入ってくることがある。それは、主権国家の集まりとしての国連が決める国際目標の限界といってもよい。

とはいえ、このように各国の法律が盾となり、個別ターゲットに記載されている課題の解決や、ジェンダー平等という目標達成が困難に直面した際に重要になるのが、のちに言及する目標17にあるグローバル・パートナーシップである。SDGsは強制力のない目標であるが、賛同するものが増えることで、それが社会的な規範となり、国際的な規範となっていく。国連が本来もっているのは、このような規範構築へ向けた国際世論形成能力である。国連本来の能力をより具体的なかたちで推進することができるのもまた、SDGsでもある。

さらに目標5は、ICT（Information and Communication Technology、情報通信技術）等の技術を活用することによる女性のエンパワーメントも唱えている（5・b）。食器洗浄機やお掃除ロボットは、家事の手間を大幅に削減し、女性のみでなく男性の家事労働の時間短縮にも役立っている。特に、共働き家庭におけるこうした技術の活用は、ジェンダー平等という観点からも重宝されるものとなる。

そのうえで、ターゲット5・4は、無報酬の育児・介護、家事労働の認識・評価を目標に掲げる。報酬を得る活動が行える背景には、無報酬の労働の存在があることがほとんどだからだ。

ジェンダー平等は、ターゲットには書かれていないLGBT等の問題も絡みながら、日常的な行動から、社会や経済システムのマクロな課題まで多岐にわたり、すべての人が関係する問題である。それゆえ、SDGs実現へ向けた取り組みの入口としても取り組みやすい課題だといえよう。

目標6：すべての人々が水と衛生施設を利用できるようにし、持続可能な水・衛生管理を確実にする【安全な水とトイレを世界中に】

上下水の大きな課題はすでに克服されていると、多くの人が感じている日本においては、目標6はそれほど重要な国内問題とはとらえられていないかもしれない。実際日本では、高度経済成長期のころに上水道は急速に普及し、水道普及率は98%近くを維持している(3)。下水道処理も1965年以降着実に増加し、2017年度には下水道処理人口普及率は80%近くに達した。汚水処理に関しても、その人口普及率は90%を超えた(4)。それでも100%に達していないということは日本にもいまだ取り残されている人々が存在していることを意味しており、2030年までにすべての人が上下水へのアクセスを達成することは、SDGsへのコミットとして重要である（6・1、6・2）。アクセスにとどまらない水質の改善（6・3）や水利用効率改善（6・4）もまた、同時達成が求められるところである。

水に関して気になるのは、気候変動に起因する水不足や、水に関連する災害である。特に近年は、集中豪雨や台風の影響により、毎年のように各地で干ばつや水害が起きている。定常時の河川浸食を防ぐためにコンクリートで護岸を行った結果、かえって災害に対して弱くなったり、生態系に悪影響を及ぼすこともある。急速な増水によるダムの決壊を防ぐための放流が、下流域での災害可能性を高めることもある。地域の状況を見ながら、適切な水の管理を行うことは、災害対策としても重要である。

こうした課題への対処のため、目標6には、統合的な水資源の管理を実施すること（6・5）や、水に関する生態系の保護や回復を行うこと（6・6）などがターゲットとして掲げられている。だが、こうしたことを地域住民の関与がないところで行ってしまっては、持続可能にはならない。したがって、地域コミュニティの参加を支援したり、参加の促進をすることもまた、ターゲットには含まれている（6・b）。

一方、目標6には、ビジネスも注目する。典型的なのは、ターゲット6・2である。

6・2　2030年までに、女性や少女、状況の変化の影響を受けやすい人々のニーズに特に注意を向けながら、すべての人々が適切・公平に下水施設・衛生施設を利用できるようにし、屋外での排泄《はいせつ》をなくす。

このターゲットの進捗を測る指標は、以下のように設定された。

6・2・1 石けんと水のある手洗い場を含む、安全に管理された公衆衛生サービスを利用する人口の割合

「安全に管理された公衆衛生サービスを利用する人口」の例として、ここでは石けんと水を備えた手洗い場が取り上げられている。文章をよく読むと、必ずしも6・2とその指標との関係が1対1でつながっているわけではないこともわかる。

ではなぜ石けんを備える手洗い場なのか。

筆者が聞き取りや資料による調査を進めるなかで、そこには企業のしたたかな戦略が潜んでいることがわかってきた。この指標を盛り込むことに関しては、経営トップが策定過程からSDGsに力を入れていたユニリーバが、強く絡んでいることが、明らかになってきたのである。石けんや衛生用品を扱う会社にとっては、石けんを世界中で使うことは、衛生状況を向上させながらビジネスを拡大する基盤をつくることにもつながる。さらには、指標に盛り込むことで、

状況を把握するためのデータを国連を通じて取ることができるとすれば、ライバル会社の動向や市場の状況を知り、今後の活動を考える情報にもつながるだろう。ＳＤＧｓの推進とビジネスとを絡めた世界戦略が、そこにはある。

もちろんその先には、商品の差別化による企業間競争もある。しかし、業界としての利益とＳＤＧｓの達成とを両立するような行動が、こうして指標設定を通じて行いうるということは、企業活動とＳＤＧｓとの関係を考えるうえで注目に値する。

水とビジネスについては、ペットボトルに入った飲料水にも意を払う必要があろう。ペットボトルをはじめとするプラスチックのポイ捨てや流出は、多くが最終的に海に流れ着いた挙句、紫外線や波の影響などによって小さなプラスチック粒子となり、魚や生態系に対して影響を及ぼす海洋マイクロプラスチック汚染問題を引き起こす原因となる。ペットボトルの利用は、こうした問題をはじめ、リサイクルや、その焼却による二酸化炭素排出問題など、多くの課題を含む。水資源の乏しい地域や被災地で飲料水を確保しようとすると、現状ではどうしてもペットボトルの水に頼りがちである。保存のしやすさや運びやすさなどに利点があるからである。しかし、便利ではあるものの、処理の仕方によっては廃棄物問題（目標12）や気候変動（目標13）などに悪影響を与えることを考えると、このままの状態を続けるのは持続可能でないことがわかる。素材を生分解性プラスチックに変換したり、１００％リサイクル素材にしたり、瓶などの代替品に置き換えるなど、今後へ向けてサステイナブルな飲料水へのアクセス方法を考えていく必要がある。イノベーションがこれを可能にすると考えれば、そこにビジネスチャンスも潜んでいるはずである。

そして、トイレである。途上国における屋外排泄は、衛生上の問題だけでなく、ジェンダーや社会的弱者、そして安全の確保といった問題にもつながっている。2017年時点で、42億人が安全に管理されたトイレを利用できず、屋外排泄人口も6億7300万人以上に達するという。(5)

第2回ジャパンSDGsアワードでは、LIXILのSATOというトイレが副本部長賞を受賞した。SATOは安価でシンプルなため設置が簡単で、少ない水量で洗浄が可能でありながら、一定程度の品質を保持する。そのうえ、同社のトイレ1台を購入するとSATO1台を途上国へ寄付する「みんなにトイレをプロジェクト」という仕組みをつくりあげた。これは、公平性（目標10）を高める観点からも望ましい。アワードではこうした点が評価された。(6) さらに特筆すべきは、SATOの販売自体が、援助の枠を超えて2019年にバングラデシュで黒字化し、ビジネスとして成立しはじめたことである。(7) これは、「持続可能」ということを考えると、大いに評価すべきであろう。

さらにLIXILは災害対応用トイレとして、レジリエンス・トイレの販売も始めている。これは、平常時は洗浄に必要な水量が5リットルだが、災害での断水時には1リットルで可能というものである。

目標6のターゲットには、特にレジリエンスや災害時に関する記述はなく、これはどちらかといえば目標11のレジリエントな人間居住に貢献するものである。しかし、水や衛生施設へのアクセスは平常時、災害時の区別なく必要であることを考えれば、災害に強いトイレの存在は目標6達成に貢献するものでもあるといえる。

目標7：すべての人々が、手頃な価格で信頼性の高い持続可能で現代的なエネルギーを利用できるようにする【エネルギーをみんなに　そしてクリーンに】

目標1から6までは、主題となるのはMDGsに含まれていた目標に関連するものであった。しかし、目標7から先は、SDGsになってはじめて登場したカテゴリーの目標も多い。非常に大胆な言い方をすれば、目標1から6はMDGs的な、ベーシック・ヒューマン・ニーズに関する要素を中心に構成され、目標7から11の5つは社会経済的な要素、目標12から15の4つは環境的な要素、そして目標16と17の2つは、目標を達成するために必要な手段に関する目標が並んでいるといえる。その先陣を切る目標7に掲げられているのが、エネルギーである。

エネルギーに関する目標7は、「万人のための持続可能なエネルギー（SE4All: Sustainable Energy for All)」と呼ばれる国連によるイニシアティブがベースとなっている。SE4Allは、当時の潘基文《パンギムン》国連事務総長が「エネルギーはすべての国の経済開発の根幹にある」と提唱し、2011年9月に始まったイニシアティブである。

SE4Allは、2030年までに、①現代的エネルギーへの普遍的アクセス達成、②世界全体でのエネルギー効率の改善ペース倍増、③世界全体での再生可能エネルギーのシェア倍増という3つの目標を掲げている。①が、目標7のターゲット7・1、②がターゲット7・3となっており、③は倍増という具体的数値ではなく、「大幅に増やす」という文言となってターゲット7・2へと継承された。また、こうして目標7が誕生した結果、SE4AllはSEforALLという非政府組織へと発展的に解消することで、引き続き国連と連携して活動を続けることになった。

エネルギー効率の倍増や再生可能エネルギーのシェアの大幅拡大ということは、気候変動対策（目標13）との関係を考えると、その重要性の大きさがわかる。ただし、現在のペースでは目標達成にはほど遠い。国連事務総長のSDGs報告書（2019年）によると、GDP（国内総生産）単位あたりのエネルギー供給量として測られる一次エネルギーの利用効率の伸び（ターゲット7・3）は、2016年には世界全体で2・5%だったが、少なくとも年間2・7%の向上を図るという目標には達しておらず、その改善率も鈍化の傾向にあるという。とりわけオセアニアやラテンアメリカ、アフリカにおいて改善率が足りない。

エネルギーの最終消費における再生可能エネルギーの割合は、2016年には世界全体で17・5%と、徐々に上がってきている。2010年から2016年の間の再生可能エネルギー消費の伸び率は18%となっており、再生可能エネルギーの急速な拡大が見て取れる。途上国向けの、クリーンな再生可能エネルギーに関する国際的な資金のコミットメントは、２０１０年の99億ドルから２０１６年には１８６億ドルへと2倍弱の増加を見せている。急成長の分野では、雇用もそれだけ増加する。環境と経済の相乗効果が見込まれる分野といってよい。

再生可能エネルギーを効果的に利用するためには、電池の利用も重要になる。たとえば太陽光発電は晴天時と曇天時、あるいは昼と夜とで発電量が変わることを考えれば、充電することの重要性も理解できよう。リチウムイオン電池の開発で２０１９年のノーベル化学賞を受賞した吉野《よしの》彰《あきら》を生んだ日本にとっては、世界的なＳＤＧｓ達成に向けて貢献ができる格好の領域でもある。

再生可能エネルギーは、送電線を使わないで分散的に利用することもできるため、送電線のインフラが整備されていない地域や、発展途上国におけるエネルギーへのアクセス向上という点からも期待が高まる。まず電線をひいてからエネルギーを送る、というのではなく、まずエネルギーを送ってから、より効率的に使うために電線でつなぐ、ということができるのは、ターゲット７・１の達成への大きな力になる。さらに技術の進歩によってワイヤレス送電ということが可能になれば、携帯電話のように基地局やアンテナで送電が可能になる可能性もある。そうなればエネルギーの考え方も大きく変わるだろう。

さて、エネルギー問題は、「経済開発の根幹」にある問題であると同時に、近現代の国際政治において安全保障の根幹にある課題でもあり、政治的に繊細な問題である。この問題を語るうえで頻繁に尋ねられるのが、SDGsは原子力発電をどう扱っているのか、という質問である。結論からいえば、SDGsは原発を正面から取り上げてはいない。国際交渉の結果、コンセンサスが得られてでき上がったSDGsは、政治的に意見が鋭く対立するような課題を直接取り上げることは避けている。

個人的には、原発は現代的エネルギーの一つでもあり、その意味では原発によるエネルギーへのアクセスも、ターゲット7・1達成に貢献しうるとは思う。しかし、SDGs達成という観点から、今の原発で問題になるのは、まずは廃棄物の問題(目標12)である。最終的な処分方法が決まっていないなかで、放射性廃棄物を出し続けるというのは、持続可能ではない。また、廃棄の問題とも関係するが、3・11福島第1原子力発電所事故のように、いったん事故が起こったときの空間的規模や、世代を超えた影響の規模の大きさを考えると、レジリエントなインフラ(目標9)という点や、すべての人々の健康的な生活確保(目標3)という点からも、持続可能な状態ではないと考えられる。原発が持続可能なかたちでエネルギーを生み出すためには、SDGsの観点から見れば、こうした点を克服できるようなイノベーションが必要だということだろう。

SDGsの観点から原発を考えることに象徴的に表れているように、エネルギー問題は他の目標と非常に関係の深い課題である。このことは、バイオマスと食料との関係や、エネルギーと気候変動の関係にも端的に表れている。たとえばサトウキビなどのバイオマスエネルギー源としての利用は、目標2の食料供給、とりわけ貧困層への食料供給（ターゲット2・1、2・2）との関係を適切に管理しながら進める必要がある。また、木質バイオマスに関しても、森林をはじめとする生態系や、外来種を含む生物多様性との関係を考えながら、その利活用を進める必要がある（ターゲット15・1、15・2、15・4、15・5、15・8、15・bなど）。森林を切り開いたプランテーションでつくることの多い「アブラヤシ」の実からとれるパームオイルの利用も、同様の課題の一つだ。こうしたトレードオフを避けるための一つの手段は、持続可能な管理を行っていることを認める国際認証を活用することだ。持続可能な森林管理の第三者認証を行うＦＳＣ（Forest Stewardship Council）認証や、持続可能なパームオイルの生産と利用を進めるＲＳＰＯ（Roundtable on Sustainable Palm Oil）認証などはその例であるが、それだけにとどまらない。生産から加工を経て運搬や消費に至る「サプライチェーン」の管理を適切に行うだけでなく、さらに労働環境の適正さ等を含めることで、トレードオフのないことを総合的に認証する制度も少なくない。

エネルギーをつくっていくためには、水（目標6など）の利用の問題も絡んでくる。エネルギー、食料、水のネクサス（相互関係）を考えて持続可能な社会づくりを進める研究も注目されている。

こうしてみると、目標7は、ＳＤＧｓの17目標を一体のものとして考えたり、ＳＤＧｓでイノベーションの方向性を考える際の、格好の事例となることがわかる。少なくとも目標7のターゲットすべてを同時達成するような手段は、存在しうるように思う。

目標8：すべての人々にとって、持続的でだれも排除しない持続可能な経済成長、完全かつ生産的な雇用、働きがいのある人間らしい仕事（ディーセント・ワーク）を促進する【働きがいも　経済成長も】

日本においてSDGsが普及してきた一つの、しかし非常に大きな理由が、目標8の存在である。従来「持続可能な開発」というと、日本の議論では環境の持続可能性のみに偏りがちであった。これを人類の繁栄とその前提となる地球の繁栄、という「本来の」文脈へと押し戻したのが、この目標であるといってもよい。経済成長が目標に入ってきたことで、経済、社会、環境という持続可能な開発の3側面が同じ土俵にのったわけである。その意味で非常に重要なのが、「経済成長と環境悪化の分断を図る」ことに言及するターゲット8・4である。大量生産大量消費で、温室効果ガスも排出しまくる従来型の経済成長から脱却し、より少ない資源投入で生産性を上げることによって経済成長を達成する、新たな経済成長モデル構築が求められている。

その前提の下で、目標8では、産業の多様化や技術の向上、そしてイノベーションを通じて経済生産性を高めながら（ターゲット8・2）、1人あたりの経済成長率を持続させる（ターゲット8・1)。1人あたりで見れば、人口減少の続く日本のような国でも、経済成長率の向上が可能となる。

金融機関の能力強化や金融サービスへのアクセス(ターゲット8・10)、持続可能な観光業(8・9)といった製造業以外のセクターにも言及がある。SDGs全体を通じる「だれ一人取り残されない」という理念はここでも有効で、企業においても中小零細企業の成長が後押しされている(8・3)。

目標8のもう一つの重要な要素が、だれもが人間らしい仕事をする、という点である。MDGsでは目標1「極度の貧困と飢餓の撲滅」のなかの一つのターゲットとして触れられるにとどまった「ディーセント・ワーク(decent work)」が、SDGsでは目標の一つとなっている。「ディーセント・ワーク」とは、働きがいのある人間らしい仕事のことである。「働き方改革」やさまざまなハラスメントが社会的な問題としてクローズアップされるなかで、人間らしい仕事をするということは、日本において特に重要な課題となっている。

それは、人口減少に悩み、なかなか地方創生が現実とならない地方自治体が、「我こそは」と期待を寄せる課題でもある。大都市での一律的な働き方に愛想をつかし、より良く働ける環境を求める人々や、オフィス以外でも働くことができる「テレワーク」に興味をもつ人材や企業、そして、そもそもどこにいても同じように仕事ができるインターネット関連企業や芸術家などに対して、人間らしい働き方を提供することで地域再生を図る試みである。新型コロナウイルス対策をきっかけに「ピンチをチャンスに変える」期待をもてる分野でもある。

強制労働や児童労働をなくす（8・7）のはもちろんのこと、若者や障害者、女性（8・5）、移住労働者等すべての人々（8・8）に分け隔てなく、人間らしく、安心・安全な労働環境をつくりだすことではじめて、持続可能な雇用環境が生まれ、持続可能な成長も可能になる。

企業活動では特に、サプライチェーンを通したマネジメントを確立することが、持続可能性を高めることにつながる。逆にいえば、たとえばターゲット8・7にある強制労働や児童労働の根絶を実現できないような企業は、たとえそれが調達先でのできごとであったとしても、取引先が次第に少なくなり、持続可能な成長ができなくなっていくであろう。目標8はリスク回避という点からも、企業の活動にとって重要な目標なのである。

目標9：レジリエントなインフラを構築し、だれもが参画できる持続可能な産業化を促進し、イノベーションを推進する【産業と技術革新の基盤をつくろう】

インフラ、持続可能な産業化、イノベーションを扱う目標9もまた、目標8に引き続き経済の持続性に重点を置く目標である。

インフラ構築は一見発展途上国の課題と映るかもしれないが、災害などに強いレジリエントなインフラとなると、日本のような先進国の課題でもある。気候変動に起因する気象災害が頻発する今日では、これはグローバルな課題の最前線といってもよい。

ターゲット9・1は質が高く信頼性のあるインフラ構築を目標に掲げる。その一つには交通インフラがある。このターゲットの進捗を測るグローバル指標の一つには、全季節で利用可能な道路への2キロメートル以内人口が挙げられているが、交通インフラは道路に限らない。台風の強度が上がると昨今首都圏でも鉄道の「計画運休」が行われ、平常時とは全く異なる交通アクセスの状態が現れる。すぐに回復すればまだよいが、回復に時間がかかるものがほとんどだ。

２０１８年9月に、過去25年間で日本に上陸した台風で最も強力だったという台風21号が大阪を襲った。関西国際空港は浸水で10日間閉鎖され、連絡橋にはタンカーが衝突して道路や鉄道が閉鎖された。２０１９年９月の台風19号では、千葉県で停電が長く続き、被害は93万戸にも上った。断水戸数も最大約12万戸に上ったという。レジリエントなインフラ構築は、特に災害の多い日本において喫緊の課題である。

平常時でも、中山間地域におけるインフラや交通インフラは、特に高齢化社会のなかで課題を残す。バスが来ない、あるいは来たとしても1日数本という交通アクセスの悪さは、高齢者が通院する困難を増幅する。人口減が進む地方都市の深刻な問題である。

ただ、そうした状況を一気に改善してくれる可能性を秘めているのが、イノベーションの推進である。ターゲット9・5や9・bは技術開発や研究を取り上げ、研究促進や技術向上を目標として掲げる。研究や技術基盤のうえには、新たな交通システムやアクセスの仕組みが構築される可能性がある。すでに小型電気自動車によるコミュニティタクシー運用の実験や、ドローンを活用した物資輸送の取り組み実験も始まっている。SDGsの目標達成が現在の仕組みや発想の延長でできないとすれば、一気に目標達成をかなえてくれるのは、イノベーションである。

その際の一つのカギはインターネットアクセスであろう。ターゲット9・cは、後発開発途上国における情報通信技術への大幅なアクセス向上を掲げる。2019年に開催されたSDGサミットの首脳演説では、メキシコが、すべての国民のインターネットアクセスを可能にするという目標を掲げた。インターネットのアクセスが広がることで、イノベーションのいきわたる範囲も広がり、さまざまな場所で第一次産業の生産性が向上し、遭難者の発見などへの活用で、人の命を救う可能性も広がる。

ところが、「インターネットの父」の村井純《むらいじゅん》は、日本でも、面積で見ればいまだにインターネットが届いていない地域が40%もあるという。人を単位として見れば、ほぼすべてカバーしているにもかかわらず、である。つまり、中山間地域や山岳地帯は、いまだに取り残されているというのである。

農林水産業での活用や人命救助等を考えるとき、こうしたところまでインターネットアクセスを広げていくことが、イノベーションの目標達成には重要になる。村井によれば、すでに低軌道通信衛星（LEO）によって2025年ごろまでに地球全体をカバーする計画や、2024年には成層圏の非鉱物を利用した局所的な通信技術HAPSサービスが始まる計画があるという。こうした非地上系ネットワーク（NTN）の発展によって、2030年までに海を含めた地表が、100％インターネットでカバーされる可能性があるという(8)。

もう一つ、目標9が取り上げているのが産業化である。ここでいう産業化は日本が1960年代ごろに経験した高度経済成長期の工業化とは大きく性格を異にする。多様な主体に対する包摂的で、かつ、持続可能な産業化ということになると、ターゲット9・4が明記するように、資源利用効率向上や、クリーンで環境に配慮した技術を駆使したプロセスを主体とした産業化となる。そしてこれらを可能にする技術もまた、インターネットやIoT（Internet of Things）技術、あるいはAIや3Dプリンタ等の開発により、さらなるイノベーションが期待できよう。

目標10：国内および各国間の不平等を減らす【人や国の不平等をなくそう】

目標10は不平等を少なくすることを掲げる。「だれ一人取り残されない」成長を求めるSDGsは、目標1や目標5と並び、目標10で格差是正を呼び掛ける。とりわけターゲット10・1は、各国での所得下位40％の所得成長率が、国内平均を上回ることを目指しており、相対的貧困率を下げるうえで、具体的に必要な方策が掲げられているといってもよい。とはいえ、2011年から2016年の間で比較可能なデータの入手可能な92ヵ国では、所得下位40%は、所得全体の25%を得るにとどまっており、所得の多くが最富裕層の上位1%へと吸い取られているのが現状である。日本でも、所得の均衡度を示すジニ係数は、OECD主要国のなかでやや高めとなっている。[9]

目標10のターゲットを見ると、状態としての不平等を少なくするもの(10・1、10・2)のほかに、政治的あるいは制度的な側面を述べたもの(10・2、10・3、10・7、10・a)、税制や金融など経済的な側面を述べたもの(10・4、10・5、10・6、10・b、10・c)が挙げられている。国際合意のなかで格差の問題を取り上げることは、各国の国内制度や体制にも関係してくるので難しい側面もある。それでも横断的に格差の多様な側面を取り上げたSDGsの意義は大きい。

この目標に関連するものとして、リオの地球サミットで決まった「環境と開発に関するリオ宣言」の第7原則が、いわゆる「共通だが差異ある責任」原則を定めている。先進国も途上国も地球環境悪化に対して共通の責任を負っているが、その度合いには差があることから、責任の取り方にも差異がある、というものである。

不平等の是正と責任の問題とは、一見異なることのように見える。しかし、責任論の裏には不平等の認識があることを踏まえれば、両者が表裏一体だということがわかる。国際関係上では、責任が大きいと、その分多くの金銭的支払いを求められることにもつながる。

SDGsの交渉のなかでもこの原則は再三触れられた。その結果、「2030アジェンダ」

のパラグラフ12は、リオの第7原則に言及している。しかし、ＳＤＧｓの目標としてこの原則に言及することはなかった。これは「実をとる」うえでは賢明な選択だったと思う。気候変動交渉のような個別国際交渉においては、何が「共通」で、何が「差異」なのかが議論の対象となり、ＳＤＧｓでも責任という話になったとたんに、具体的行動よりも理念の論争になってしまうことが容易に予想できるからである。ＳＤＧｓが行動を促す目標体系となっていることの裏には、このように概念設定が巧みだった点も忘れてはならない。

　しかし21世紀の世界でより重要なのは、国境を越えて一人ひとりの格差が増大していることであろう。国際ＮＧＯのオックスファムが毎年発表している格差に関する報告書の２０２０年版によると、世界の２１５３人の富豪の富は、世界人口の60％にあたる46億人の富をしのぐほどであるという。あるいは、世界の富豪トップ22人の富はアフリカのすべての女性の富を上回っているという。毎年さまざまな表現で世界の格差の状況を報告するこの報告書は、たとえば２０１８年版では、世界の最も豊かな１％が、その前年に生み出された富の82％を独占したとしている。『フォーブズ』が発表する世界長者番付を見ると、上位には米国やフランスといった先進工業国の富豪が名を連ねるが、なかにはメキシコのカルロス・スリム・ヘル＆ファミリー（中南米の通信王）が5位、インドのムケシュ・アンバニ（リライアンス・インダストリーズ）が13位、中国の馬化騰《ばかとう》（テンセント）が20位、21位には同じく中国のジャック・マー（アリババグループ創業者）といったように、発展途上国の個人もランクインしている。日本人の最上位が柳井正《やないただし》（ユニクロ）の41位であることを考えても、その富の大きさが相当なものであることが想像できよう。つまり、目標1で触れたように、先進国内で貧困の問題があるように、途上国にも超大富豪がおり、国ではなく人による格差を考えることがより適切になっているということである。

国内での格差是正とともに、国際的に格差をなくす仕組みをどう導入していくか。そのことが、目標10達成への大きなカギを握ることになる。

目標11：都市や人間の居住地をだれも排除せず安全かつレジリエントで持続可能にする【住み続けられるまちづくりを】

国際的にはスラムの改善（11・1）や居住計画・管理の能力強化（11・3）といった点に焦点が当てられることの多い目標11であるが、日本では特に地方創生の観点から注目度の高い目標である。東京一極集中による地方都市の人口減少だけではない。少子高齢化による税収減と医療費などの支出増によって地方自治体の運営は次第に困難になっている。いかに持続可能で住み続けられるまちをつくっていくかは、多くの自治体が抱える共通の悩みである。実際、地方自治体は、日本国内でも最初にSDGsに注目し、行動をとりはじめたステークホルダーの一つであった。

SDGsのターゲットのなかでもa、b、cとアルファベットで書かれる実施手段に関するターゲットは、発展途上国の主張によって取り込まれることが決まっていったものである。しかし興味深いことに、目標11に関しては、a、b、cのいずれも、日本のまちづくりに大きく関係するターゲットとなっている。

11・aは都市部、都市周辺部、農村部のつながり強化である。とかく都市部と農村部との断絶が進むなかで、たとえば田舎に住んで都会で働くという「テレワーク」によって地方を活性化させようという試みや、都市部の自治体が地方都市と連携することで、その土地の森林を利用したり、森林整備によって二酸化炭素排出をオフセットするといった試みは、地方創生の手段としても注目されている。都市部、都市周辺部、農村部がそれぞれの良さを生かしながらつながりを強化していくことは、持続可能なまちづくりへ向けたステップとして重要だ。

11・bは、総合的な災害リスク管理である。これは、地震や火山の噴火に加え、気候変動に起因すると考えられる気象災害の被害が年々増す日本においては、不可欠の目標である。資源効率、気候変動の緩和と適応、災害に対するレジリエンスを社会全体で包摂的に扱うような総合的政策導入は、地方自治体の魅力を増すためにも重要になっている。

これに関連するのが、11・5である。災害による死者や被災者数の大幅削減と、経済損失の大幅削減を目指すターゲットである。その際には、目標1で掲げられていたように、貧困層や脆弱な立場にある人々の保護が、重要な視点としてここでも再掲されている。

11・cは地元の資材を用いたレジリエントな建造物整備である。このターゲット自体は、この分野における財政的、技術的支援を後発開発途上国に対して行うことに主眼が置かれている。しかし地元の資材を用い、かつレジリエントな建造物整備は日本でも必要であることはいうまでもない。たとえば木造建築や木材製品についても、地元産材の利用は、地元経済活性化という意味でも重要になっている。もちろん木材については、持続可能な生産をしている木材であれば、途上国産を利用することで、先進国と途上国との格差解消に役立てることも重要である。その意味で、地元産の活用だけがSDGsに貢献するというわけではないことにも留意しておく必要はある。

数字記載ターゲットに戻ろう。11・2は持続可能な輸送システムへのアクセスである。日本でも、いわゆる田舎になるとバスも1日数本しか走っていないところも少なくない。筆者の祖父母が暮らしていた熊本の田舎もそうであった。そういった地域や、中山間部で公共交通へのアクセスのない、取り残された地域については、アクセスを改善することが、地方創生や過疎化の解消にもつながっていく。そのために、乗り合いを促進したり、コミュニティタクシーを創設したりと、実験的な取り組みが行われはじめている。そうした手段を講じるためにも、まずはどこにどれだけアクセスが足りないのか、地図情報に他の情報を重ねたりして、計測し、「見える化」することも必要になる。こうすることは、目標9と目標11の同時達成にも貢献する。

このほかアクセスに関連したものとして、11・7は緑地や公共スペースへのアクセスを掲げ、

11・3は参加型のまちづくりを行うことを掲げている。アクセス向上には、アクセスが必要だが足りていない人々の声を聞き入れる持続可能な仕組みづくりも重要になる。

11・4は文化遺産および自然遺産の保護・保全努力の強化である。文化については、SDGsで直接的に触れられているのは、11・4のほかは観光業関連に限られており、文化に根付いた持続可能性をより重視すべきだという声も聞かれる。もとより、SDGsの重要なポイントは、普遍的な世界の目標と、身近な習慣や慣習をいかに整合させるかにあるといってよい。文化的な多様性を尊重し、維持しつつ、差別的な風習や持続可能でない慣行を取り除いて、持続可能な社会を創っていくことに大きなチャレンジがある。その塩梅《あんばい》を適切に表現するのは、なかなか難しいことであり、SDGsでは十分表現されていないが、今後「ポストSDGs」へ向けて強化される余地があるとすれば、その一つは文化的な側面かもしれない。

最後に11・6は都市の1人あたりの環境上の悪影響の軽減を目標としている。たとえばPM2・5や光化学オキシダントの注意報や影響は、日本では減少傾向にあるとはいえ、十分なコントロールがされているとは言い切れない。越境大気汚染防止に向けた国際合意形成を含め、対応が必要な分野である。また、廃棄物管理の問題も重要である。それは二酸化炭素排出量とも関連があるがゆえに、何をどう処理するのかまで、モノをつくる際に考えておく必要がある。まちづくりの問題であると同時に、目標12で掲げる消費と生産の問題でもある。

目標12：持続可能な消費・生産形態を確実にする【つくる責任つかう責任】

目標12は、SDGsの成功の可否を握る目標だと筆者は考えている。目標12が達成できれば、社会構造が持続可能なものになった、といえると考えるからである。それほどまでに、我々が個人として日常的に行う消費行動、そして消費のもととなる生産活動を地球と人間にとって持続可能にしていくことは、重要であると同時に難しいのである。

なかでもターゲット12・3は、非常に明確な数値目標と目標達成年をもつターゲットとして、SDGsを象徴しているといってよい。

12・3　2030年までに、小売・消費者レベルにおける世界全体の1人あたり食品廃棄を半分にし、収穫後の損失を含めて生産・サプライチェーンにおける食品ロスを減らす。

明確な目標があれば、明確なイニシアティブも生まれる。2030年までに食品廃棄物を半減するというこの明確なターゲットを目指すべく、オランダ政府と世界資源研究所（WRI）は、SDGsができて間もなく「チャンピオンズ12・3」という取り組みを始めた。それは政府や企業、国際機関、研究機関、市民社会組織（NGO）といった多様なステークホルダーのリーダーが連携して12・3達成を目指す取り組みである。ネスレやケロッグといった有名企業などもそのメンバーに入っている。

ＦＡＯ（国連食糧農業機関）によれば、世界の食料生産量の3分の1にあたる約13億トンの食料が、毎年廃棄されている。消費者庁は、日本では年間約２８４２万トン（２０１５年度）の食品廃棄物が排出されているとしている。このうち、本来食べられるのに捨てられる「食品ロス」は、年間約６４６万トン（２０１５年度）に上ると推定される。この量は、実は世界全体の食料援助量（２０１７年）約３８９万トンの約１・７倍にあたるというから、まさに捨て置けない問題である。目標2で掲げた飢餓をなくす目標実現の一つのカギは、ここにあるといってよい。つまり単純に考えれば、日本で食品ロスを半減して、その分を食料援助に回すことができれば、それだけで世界全体の食料援助量が倍近く増える計算になる。すごい量である。

では、１人あたりで考えるとどうなるか。同じく消費者庁によれば、１人あたり食品ロスは年間約51キログラムとなるが、これは、年間での1人あたりの米の消費量（約54キログラム）に相当する。つまり、毎日自分が食べる米の量と同じだけの食品ロスを生み出していることになる。

食品ロスの約半分は家庭から出ているというから、対策を個人で行うことはもちろん重要だ。賞味期限切れだがまだ消費期限には達していない食料をいかに使うのか、あるいは、食べきれるものだけを買うにはどうすればいいのか、といったことを考える力が試されている。

家庭と同じように重要なのが、食料が生産されてから消費や廃棄されるまでの、フードサプライチェーンでの食品ロスを減らすことである。斑点《はんてん》や傷があったり、形が悪かったりする野菜や果物、数日前につくられたパンなど、従来は捨てられていたものを食材として利用することは、飢餓（目標2）や格差（目標10）の問題解決にもつながる。余っている食べ物と、食べ物が不足して困っている人をつなぐ「フードバンク」の活動は、こうした活動の好例である。フードサプライチェーンにおけるステークホルダー間の連携や協調は不足しているとされるが、これを高めることで、課題が解決されていく。後述する目標17の発想が、目標12の解決に役立つわけである。

それればかりではない。余った食材を手に入れて提供することは、新たなビジネスにもつながっている。日本でも、レストランの閉店時間や賞味期限、あるいは天候等の理由で廃棄されることになった食品をWebサイトに掲載し、食べ手を見つける「TABETE」というサイトが始まった。オランダでは、大手スーパーで廃棄される食材を引き取って、一流のシェフが調理をする Instock というレストランが店舗数を増やしている。

日本でも2019年10月に「食品ロスの削減の推進に関する法律」が施行された。今はまだ「捨てたほうが再利用するよりも安い」という状態であるが、ビジネスの種となるといったことがきっかけとなって、捨てるよりも活用することの価値を高めていくことが、ターゲット12・3の達成につながっていく。

このように、目標12の課題は、生産から廃棄までのサプライチェーン全体を考え、その仕組みを変えていく必要があるところに、核心がある。持続可能な消費と生産を実現するためには、製品を目の前にある「モノ」として見るだけでなく、そのモノがどのような素材でどのようにつくられ、そしてどのようにリサイクルされたり、廃棄されたりするのか、といった「来し方行く末」を考えることが重要になる。つまり、モノのストーリー性が、モノの良さや差別化の要因となるような世界である。

「来し方」については、ターゲット12・2が、天然資源の持続可能な管理や効率的な利用の達成をうたっているし、12・7は持続可能な公共調達を促進することを目標とする。少ない資源で生産性を上げることに加え、天然資源を適切に利用することも求められている。

さらに12・8では、2030年までに自然と調和したライフスタイルを意識できるようにすることが、そして12・4では、化学物質や廃棄物の排出を減らすことが、目標となっている。要するに、ナチュラルなものを使いましょう、ということである。これを2・4の持続可能な農業や、3・9の汚染による健康影響の減少等と合わせて考えると、天然素材を持続可能に使っていくことが大事だ、ということがわかってくる。たとえば化学繊維ではなく、オーガニックコットンを使おう、ということである。まずは公共部門から、そうした素材を使ったものや、たとえばFSC認証のようにSDGsに貢献する認証製品などを公共調達に多く取り入れることが、目標12達成につながっていく。

「行く末」に関しては、ターゲット12・5に廃棄物の発生を大幅に削減することが掲げられている。そのためには、ごみが出ないようにすること、減らすこと、そしてリサイクルや再利用することが求められる。そして、捨てたり排出したりする際には、化学物質が大気汚染や水質汚染、土壌汚染を起こさないようにすることが重要になる。

変革が必要となる持続可能な消費と生産を推進するため、２０１２年のリオ＋20では重要なことが決まっており、その着実な実施がＳＤＧｓの目標にもなっている。それが12・1でいわれる「持続可能な消費と生産に関する10年計画枠組み（10ＹＦＰ：10-Year Framework of Programmes on sustainable consumption and production）」である。10ＹＦＰは各国からの拠出金で基金をつくり、それを活用して低炭素型ライフスタイルおよび社会システムの確立を目指す。10ＹＦＰには、「持続可能な公共調達」、「消費者情報」、「持続可能な観光・エコツーリズム」、「持続可能なライフスタイルおよび教育」、「持続可能な建築・建設」、「持続可能な食糧システム」という6つのプログラムがあり、それぞれに関する政策や情報共有、実施のためのツール開発などが行われている。

持続可能な消費と生産に関する行動には、企業の取り組みが欠かせない。ＳＤＧｓの中で唯一企業に対して取り組みを促すよう明示しているのが、12・6である。

12・6　企業、特に大企業や多国籍企業に対し、持続可能な取り組みを導入し、持続可能性に関する情報を定期報告に盛り込むよう促す。

大企業では統合報告書やサステイナビリティ・レポートを定期的に発行することが常識となりつつある。もちろん報告だけでは十分ではない。しかし、情報を開示し、透明性を増していくことは、対策の第一歩でもある。企業の行動にまで踏み込んでターゲットを掲げたことは、生活に密着した行動を推進するために国連が一歩踏み込んだものとして評価できよう。

目標12は、最後に化石燃料補助金の問題にも踏み込んでいる（12・c）。化石燃料補助金の存在によって、消費段階での化石燃料が安くなり、その結果として大量の無駄な消費が生じているというのである。つまり、温室効果ガスを排出するような大量生産大量消費の一因が、非効率な化石燃料補助金にあるとして、その合理化を呼び掛けているのである。これは消費や生産の問題だけでなく、次に扱う目標13の気候変動問題への対応としても注目すべきものである。消費と生産の問題が、政策的・構造的にも根深い問題で、変革を必要としていることを象徴的に表しているターゲットだといえる。

目標13：気候変動とその影響に立ち向かうため、緊急対策を実施する【気候変動に具体的な対策を】

目標13にのみ、注釈がつけられている。そこには、「国連気候変動枠組条約（ＵＮＦＣＣＣ）が、気候変動への世界的な対応について交渉を行う最優先の国際的政府間対話の場であると認識している」との文言が書かれている。ＳＤＧｓが採択された国連総会が行われたのが、２０１５年の9月。気候変動枠組条約の会議でパリ協定が採択されたのが、同年12月。この時間差が、この注釈を入れさせている。つまり、ＳＤＧｓのほうが、当時交渉段階にあったパリ協定よりも先にできたのである。

当時パリ協定へ向けた国際交渉では、その後の気候変動対策を方向付ける議論が行われていた。一方、ＳＤＧｓは持続可能な開発や成長について、全般的な課題を議論しており、当然気候変動はその重要な課題の一つであり、気候変動の問題を避けて議論するわけにはいかない。したがって、先に決まるＳＤＧｓでは、気候変動には触れるものの、その詳細についてはＳＤＧｓのなかで議論を決着させようという意図はなく、当時はまだ見ぬ、のちにパリ協定と呼ばれる決定を組み込むかたちをとった工夫の結果がこの注釈である。これにより、ＳＤＧｓは気候変動およびその影響を軽くするための緊急対策を講じるという目標があるものの、詳細は気候変動枠組条約やパリ協定を見るように、というかたちで、両者のリンクがつけられたわけである。その意味では、産業革命前と比べた地球全体の平均気温の上昇を2℃よりも十分下方に保持し、さらに１・５℃に抑える努力をしながら、今世紀後半に温室効果ガスの実質的な排出をゼロにするというパリ協定の大きな目標設定の下で、ＳＤＧｓのいうところの２０３０年までの緊急対策も取られるという認識をもつことが、目標13の正しいとらえ方である。

すでに産業革命前の平均気温を約１℃上回っている現状や、化石燃料への投資が気候変動対策への投資を上回っているという現状[10]を考えると、あらゆる緊急対策が必要になる。

したがってＳＤＧｓの目標13にも、あらゆる気候変動対策が含まれる。災害に関するレジリエンスと適応の強化（13・1）や対策を国の政策、戦略、計画に盛り込む（13・2）ことをはじめ、緩和、適応、影響軽減、早期警戒に関する教育、啓発、人的能力や組織の対応能力改善（13・3）など、包括的に気候変動問題解決を目指す目標が並んでいる。

もとより、ＳＤＧｓ全体の８割程度は気候変動対策に関係しているものであり、多くのターゲットは気候変動対策を具体的に示しているととらえる考えさえある。農業対策、資源効率性向上、廃棄物削減やリサイクル、インフラのあり方、再生可能エネルギーの利用拡大など、あらゆる行動に気候変動対策は関連する。２０１９年９月には、ＳＤＧｓができて以来最初のＳＤＧｓサミットが開催されたが、それも気候行動サミットと前後して行われた。両者の緊密な関係を意識しながら、持続可能な社会を構築することが重要である。

目標14：持続可能な開発のために、海洋や海洋資源を保全し持続可能な形で利用する【海の豊かさを守ろう】

ＳＤＧｓの目指す具体的行動が、最初に目に見えるかたちでムーブメントになったのが目標14だった。２０１７年６月に「国連海洋会議」が開催され、同年７月の国連ハイレベル政治フォーラム（ＨＬＰＦ）では、その年重点的

に取り上げる目標として目標14が選ばれた。海をめぐる議論は、国連のなかでも海洋法条約の議論が長らく行われてきたし、海洋プラスチックごみの議論は、専門家を中心として従来から行われている。さらに、マグロの漁獲量をめぐる議論や、捕鯨をめぐる議論も、折に触れメディアでも取り上げられてきた。しかし、海洋プラスチックごみに始まり、それが使い捨てプラスチック問題や、さらにはプラスチック利活用全般のあり方をめぐる議論にまで展開している状況を見ると、ＳＤＧｓの文脈で課題を取り上げることは、問題が取り上げられる規模を格段に大きくする効果があると実感する。

ＳＤＧｓのそれぞれの個別目標達成に関心のあるステークホルダーは、自らが扱う課題との関連を示されると、改めて課題間の関係に気付かされ、行動すべきだと自覚することがある。つまり、ＳＤＧｓの文脈のなかで課題を扱うと、潜在的な関係者が一気に目覚める可能性がある。

海は食料や医薬品などの資源の提供元であると同時に、沿岸生態系が暴風雨の被害を軽減し

たり、また、海洋保護区があることで、漁獲量が増え、それに伴う所得を増やす効果もあることから、貧困削減にも貢献している。食料としての海産物は健康維持増進にも貢献する。また、サンゴ礁は海洋生態系の維持に貢献しているだけでなく、重要な観光資源にもなっている。こうした多様な広がりをもつ海が、実はマイクロプラスチックによって汚染されているとなれば、関連しているステークホルダーも、それまでは気付いていなかったか、気付いていてもそれほど重視してこなかった課題に目を向けはじめる。

こうして、海洋プラスチックごみ問題が取り上げられると、2018年1月のダボス会議では、早速コカ・コーラ、ペプシコ、エビアン、ウォルマート、ユニリーバ、ロレアル、マース、マークス&スペンサー、エコベール、アムコール、Werner & Mertzというグローバル企業11社が、2025年までにすべてのパッケージを再利用、リサイクル、堆肥化可能といった素材に変えることを宣言した。また、同年6月にカナダで開催されたG7シャルルボワ・サミットでは、「海洋プラスチック憲章」を採択し、2030年までにすべてのプラスチックがリユース、リサイクル、回収可能となることを目指しはじめた。こうした動きを皮切りに、コーヒー店やハンバーガー店なども、競うように脱使い捨てプラスチック宣言を始め、それは長年日本でも課題となっていた脱プラスチックレジ袋の取り組みにもつながっている。ヨーロッパに比べると遅きに失した感が否めないものの、日本でもようやく使い捨てレジ袋の問題が、国を挙げて正面から取り上げられるのには、SDGsの効果があったといってよい。

実際SDGsは、こうした多様なステークホルダーが達成を目指し、責任を果たせるように目標設定をしている。ターゲット14・1は2025年までのあらゆる海洋汚染の防止と大幅削減を目指し、14・3は海洋酸性化を最小化することを目指している。大気中の二酸化炭素を海が吸収して起こる海洋酸性化が進むと、海が二酸化炭素を吸収する能力が低下することから、さらに気候変動が進んだり、海洋生態系に大きな変化が起きる恐れがあるからである。産業革命前と比べて海洋の酸性度はすでに26%上昇しており、このままのペースで行くと、2100年までにさらに100〜150%の割合で急上昇する可能性が指摘されている[11]。

14・2は2020年までに海洋・沿岸の生態系の保全と持続的管理を、そして14・5では沿岸や海洋を最低でも10%保全することを目標とし、さらに14・4では水産資源を持続可能な生産量のレベルに回復させることを目指す。生物学的に持続可能な水準にある魚類資源の割合は、1974年の90%から2015年には67%に減少しているというから、これもまた大変なチャレンジになる[12]。そのために、過剰漁獲につながる漁業補助金や、違法・無報告・無規制の漁業につながる補助金の禁止や撤廃も行う(14・6)。

企業や政治・行政を含むそれぞれのステークホルダーが、目標達成を目指すことで、それぞれの役割を果たしていく。そのためには具体的な課題が明らかになっていると、目標設定も、対策もとりやすくなる。海洋プラスチックごみの問題は、SDGsによる課題解決の好例となっているといってよい。

目標15：陸の生態系を保護・回復するとともに持続可能な森林管理を行い、砂漠化を食い止め、土地劣化を阻止・回復し、生物多様性の損失を止める【陸の豊かさも守ろう】

非常に長い目標の文章中にいろいろな要素が含まれているが、要するに、陸上の生態系を守ろうということであり、とりわけアイコンのコピーの絶妙さが光るのが目標15である。陸域生態系と内陸淡水生態系、そしてそれらに関する「生態系サービス」といわれる生息環境や食料など生態系から得られる恵み（15・1）や自然生息地（15・5）といった陸の生態系全体をめぐる目標。山（15・4）や森林（15・2）、砂漠化や災害後を含む土地（15・3）、それらに関係する外来種の問題（15・8）。さらにこうした環境に生息する生物（15・5）やその違法取引（15・7、15・c）、遺伝資源の利益分配やアクセス（15・6）といった課題も含まれ、陸上生態系を持続可能にするための多くの側面に触れている。

２０１５年の森林面積は約４０００万平方キロメートル（全陸地面積の30・7％）と、２０００年の４１００万平方キロメートル（全陸地面積の31・2％）から縮小を続け、陸上植生域の５分の１は１９９９年から２０１３年にかけて劣化傾向にあり、最大で２４００万平方キロメートルの土地が影響を受けているという[13]。こうした傾向に歯止めをかけ、改善するために必要な国や地方の役割や開発プロセスの問題（15・9）、資金の問題（15・a）にも触れている。課題に総合的に対処することで、持続可能にすることが求められる。

目標15のターゲットは、その多くが2010年に決められた生物多様性条約の愛知目標にもとづき、2020年までの達成を目指している。

たとえば愛知目標15は、「劣化した生態系の少なくとも15%以上の回復を通じて気候変動対策に貢献する」というが、これは15・1や15・3へとつながっている。愛知目標5の「森林を含む自然生息地の損失を少なくとも半減し、可能であればゼロにする」という目標は、15・2や15・5へと連なる。絶滅危惧種の絶滅や減少の防止をうたう愛知目標12は、15・5、15・7へ、さらに15・6、15・7、15・8、15・9といったターゲットも、それぞれ愛知目標16、12、9、2と重なりをもつ。愛知目標のほうがより具体的な数値目標を備えているものの、愛知目標からSDGsへという経緯がそこには見て取れる。

SDGsが当時のいろいろな分野にあった目標を集めてでき上がったという側面をもつことを端的に表しているのが、目標15だといってよい。

目標16：持続可能な開発のための平和でだれをも受け入れる社会を促進し、すべての人々が司法を利用できるようにし、あらゆるレベルにおいて効果的で説明責任がありだれも排除しないしくみを構築する【平和と公正をすべての人に】

実は、本当の「平和」と、「持続可能な社会」の実現は、同義なのではないかと思うことがある。『広辞苑』にも「平和」の意味として、「戦争がなくて世が安穏であること」とともに、「おだやかで変りのないこと」とある。「変りのない」ようにすることが「持続可能」ということだとすれば、平和＝持続可能な社会、という理解もありうるだろう。少なくとも、「平和」であり暴力のないことが、持続可能な成長のための必要条件だといえる。

ターゲット16・1は、暴力と暴力に関連する死亡率を大幅に減少させることを目標とする。そのうえで、子どもに対する虐待や搾取、人身取引や拷問をなくすこと（16・2）や、違法な武器の取引、組織犯罪の根絶（16・4）、テロリズムや犯罪をなくすための能力を上げること（16・a）などが、特にターゲットとして示されている。そのためには、法の支配を促進して、すべての人々への司法への平等なアクセスを実現すること（16・3）や、情報への公共的アクセス（16・10）が必要になるのはいうまでもない。

戦争を行ったり、防衛や抑止という名のもとに戦争を行うための武器を配備することによって脅威の源泉になったりしている現代の国家が、それでも未来では平和な社会を構築しようという意思を見せていることは、希望の光でもある。ストックホルム国際平和研究所によれば、2018年の世界の軍事費の合計は1兆8220億ドルに上るという。同年のOECD開発援助委員会（DAC：Development Assistance Committee）加盟30ヵ国のODA合計が1530億ドルであることと比べると、いかに多くの資金が軍事費に流れているかがわかる。平和への意思が法的にも経済的にも保証される国々が増えていくことが望まれる。

暴力は個人レベルでも行われている。力の強い者が弱い者へ振るう暴力の典型的なものの一つが、児童虐待であろう。2005年から2017年の入手可能なデータでとった範囲でも、81ヵ国において、1歳から14歳までの子どもの8割が、家庭で恒常的に、何らかの形態の心理的攻撃や体罰を受けているというから、問題の根は深い。貧しさから児童労働へ、そして労働をさせるための暴力へ、という悪循環も見て取れる。人身取引という形態の暴力もある。2014年に発覚した人身取引の約28%が子どもであり、7割以上が女性と少女が絡むという。

ユネスコ憲章は、「戦争は人の心の中で生まれるものであるから、人の心の中に平和のとりでを築かなければならない」という。こうした原点に戻り、人の心を見つめることが、目標16を達成する一番のカギとなる気がしてならない。

目標16には、アカウンタビリティー（説明責任）の高い仕組みや制度をつくるという目標もある。説明責任のある透明性の高い公共機関（16・6）を実現することや、汚職や贈賄を大幅に少なくすること（16・5）は、日本でも新聞紙上をはじめメディアをにぎわせることの多い問題である。その意味でも、情報への公共的アクセスや基本的自由の保障（16・10）がしっかりと担保されている必要がある。

アクセスの課題のなかには、法的な保障と同時に、社会的な保障もある。たとえば日本でも地方都市では、他人の目に阻まれ、離婚調停のために裁判所に行くこともままならない、という話を聞く。法的に司法へのアクセスができたとしても、裁判所に行くだけで後ろ指をさされるような習慣や心の壁があっては、本当の意味でアクセスがあるとはいえない。それが、男性中心の古い風習の残るムラ社会であれば、ジェンダー平等の問題も絡む。裁判所に気軽に行けるようになってはじめて、アクセスが実現できたといえる。

このような課題は、SDGsの理念である「だれ一人取り残されない」状態を生み出すために極めて重要である。その観点からもう一つ重要なターゲットが、16・9に掲げられている。すべての人々に出生登録を含む法的な身分証明を提供する、というものである。

実は全世界の5歳未満児のうち、73％しか出生登録がないというのが現状である。サハラ以南のアフリカについては、46％と、半数以下である。出生登録がなければ、取り残されているのかいないのかさえ、わからない。存在をきちんと証明することは、国家がまず行うべき仕事である。

目標17：実施手段を強化し、「持続可能な開発のためのグローバル・パートナーシップ」を活性化する【パートナーシップで目標を達成しよう】

目標17のターゲットの中身を見ると、先進国と発展途上国の間の連携やパートナーシップを強化するということが中心に書かれている。国際的なパートナーシップという側面が多く書き込まれているのは、SDGsが国際交渉を経て生まれてきたものである以上、必然的でもある。国連で話をするときには、必ず南北問題の側面が顔を出してくるからである。だが、この目標自体には、国を超えたパートナーシップだけではなく、これまでに出てきた16の目標を国内でも多様なパートナーシップや、目標達成へ向けた手段で実施しよう、という大きな方向性も示されている。

SDGsは目標のみが掲げられている体系であり、細かい実施ルールが決まっていないことは、すでに述べた。それゆえに、目標達成に賛同するさまざまなステークホルダーが、必要に応じて連携をとりながら、自分たちなりのやり方で行動をしていく。そうした進め方自体を目標としているのが目標17である。その内容は、資金、技術、能力構築、貿易、実施体制からデータやモニタリングまで、多岐にわたり、SDGsのなかでも最大の19個のターゲットを抱えている。

資金については、17・2で改めて、ODAの国民総所得（GNI）比0・7%を実現するという国際目標が述べられている。これは1970年の国連総会で決められた目標（当時は国民総生産〔GNP〕比）を踏襲しており、国際社会では長らくこの目標達成が求められている。2017年にこの目標に達したのは、デンマーク、ルクセンブルク、ノルウェー、スウェーデン、イギリスの5ヵ国のみであった（ドイツは2016年には達成）。この年のOECD開発援助委員会（DAC）加盟国からのODA総額はGNI比0・31％の1466億ドルであり、日本は0・28％にとどまっている。国連貿易開発会議（UNCTAD）が2014年に発表した『世界投資報告書2014（*World Investment Report 2014*）』では、SDGs達成には毎年5兆〜7兆ドル、うち発展途上国では年間約3・2兆〜4・5兆ドルの投資が必要になる。一方で、現状での発展途上国への年間投資額は1・4兆ドルだというから、およそ年間1・8兆〜3・1兆ドルが不足していることになる。単純計算でも、ODA総額を倍増しても桁ちがいの費用が必要になるということだ。

しかし、筆者自身はそう悲観的に見る必要はないと考えている。もちろん政府によるさらなる努力は必要だ。しかし、SDGsという新たなインセンティブによる民間の動きの胎動を見ると、どこかで大きな変化が生み出される可能性があると感じている。むしろ、政府支出の増大ではなく、ビジネスのインセンティブにもとづいて積極的に動き出すようになることが、持続可能という観点からも望ましい。たとえば社会的、環境的な効果と経済的効果を両立させるような「インパクト投資」額は、2016年時点で1140億ドルと推定されており、2013年から441％の伸びを示している。[14] こうしたビジネスの本業を通じた民間の動きが活発化し、「2030年の世界のかたち」としてのSDGsの先取りが利益を生み出すと実感されるようになれば、民間ベースでの世界の変革が可能になっていくのではなかろうか。

技術についても同様に、民間ベースでの世界の変革に期待したい。実際、新たな技術をベースにしたベンチャー企業などが、技術展開をしながら新たなビジネスを成り立たせるケースも出はじめている。たとえば、発展途上国において、太陽光発電機を備えた小型のソーラーランタンを安価に売るビジネスがある。これにより送電線のインフラがない地域にも電気を供給しながら、同時にスマートフォンの充電を可能にしたり、夜間の読書や店舗の営業を可能にした。技術をSDGsの目標達成を目指すビジネスと組み合わせ、また途上国での現地生産も行えるようにしていけば、技術移転や普及、拡散（17・7）も可能になる。

もちろん、民間に頼るばかりでなく、公共部門の努力も欠かせないことはいうまでもない。国連には、「技術促進メカニズム（TFM：Technology Facilitation Mechanism）」が設置されており、これがSDGsの科学技術的側面を促進している。TFMが合意されたのは、SDGs成立と同じ2015年に開催された第3回国際開発資金会議である。2015年には、SDGsのほかに、12月にはパリ協定、3月には仙台防災枠組み、そして7月の第3回国際開発資金会議の成果としての「アディス・アベバ行動目標」という4つの重要な国際的決定がなされたが、そのうちの「アディス・アベバ行動目標」のなかで合意されたのが、TFMである。

TFMは、SDGsのための科学技術イノベーションに関する国連機関間タスクチーム、オンライン・プラットフォーム、SDGsのための科学技術イノベーションに関するマルチ・ステークホルダー・フォーラム（Multi-stakeholder forum on Science, Technology and Innovation for the Sustainable Development Goals、STIフォーラム）という3つの仕組みをもつ。

国連機関間タスクチームは、国連システム間の協力を強化したり、一貫性を確保したりすることで、調整力を高めるとされる。オンライン・プラットフォームは、科学技術イノベーションに関する情報や成功例、教訓等に関する情報提供や、その普及を行う。そしてこうしたSTI関連のステークホルダーが集まり、テーマ別議論を行ったり、技術ニーズとのギャップを埋める方策を考えたり、マッチングを行ったりする会合が、STIフォーラムである。こうした仕組みは、国連事務総長が任命する10名の委員からなる「10人委員会」を中心として運営されている。

科学技術イノベーションは、日本が強みを発揮できる分野でもある。実際、「10人委員会」には日本からも2018年に中村道治《なかむらみちはる》科学技術振興機構（JST）顧問が選出されている。また、科学技術イノベーションを進めるためのロードマップづくりについても、日本政府が世界銀行とともに力を入れている。こうした取り組みや、そのための能力を高める活動には、南北協力だけでなく、途上国同士による南南協力も重要になる（17・9）。途上国では、立場の近い国で開発されたり展開されたりする技術のほうが、先進国産の技術よりも使いやすい、というケースも少なくないからである。そこでもまた、従来型の援助の枠組みを超えた、目標から発想を始める方法がイノベーションを生み出しうる。

貿易に関しては、自由、無差別、多角的貿易体制の推進（17・10）と、そのなかで後発開発途上国に特に留意した貿易体制確立（17・12）と同時に、世界的なマクロ経済の安定が目指されている（17・13）。経済の大きな混乱を避けることは、平和と同様に、持続可能な世界への前提条件であるといってよい。コロナ・ショックの経験はここでも生かされるべきである。

そして、体制面である。ここまで見てきたさまざまな目標を達成するためには、政策の役割も大きい。総合的な取り組みを行うことはSDGsの特徴の一つだと述べたが、それを可能にするためには、政策でも一貫性を確保することが必要であり（17・14）、そのためのリーダーシップが求められる（17・15）。タテ割りを解消するための総合政策の仕組みは90年代からさまざまに取り入れられてきたが、多くの場合で、政策の調整機能にとどまっている。SDGsで必要になるのは、政策の調整機能の強化と同時に、政策実施の最初の段階から、さまざまな省庁やステークホルダーが対等に参加して課題解決を行う仕組みである。そこまで考えると、総合化の仕組みを強化する一方で、プロジェクト・ベースでステークホルダーが離合集散を繰り返すような、ダイナミックな仕組みが必要になる。まさに変革が求められるのである。

持続可能に目標を達成していくためには、あらゆるステークホルダーがコンセンサスを形成し、その行動をとることを認めたうえで、行動に移すことが重要になる。そのために、多様な主体によるパートナーシップが必要になる（17・16、17・17）。反対のあるなかで押し切れば、どこかに禍根が残る。禍根が残っては持続可能にはならない。何が持続可能な進め方かを考えれば、おのずとそのための方法はわかってくる。

全員が賛成するとはいかないまでも、少なくとも「仕方がない」と考えて、皆が同じ方向を向いていくという意味でのコンセンサスを形成するには時間がかかる。しかし、一度コンセンサスができれば、それが覆されることはまずない。そういったコンセンサスの輪を広げていくことが、持続可能な社会を創ることへと結びつく。

17・18および17・19は、ＳＤＧｓの進捗を測るデータ入手のため、特に発展途上国において能力開発を行うことを目指しているが、それは、発展途上国のみにとどまらない。先進国においても、多様な、そしてビッグデータのような新たなデータを扱うための能力をこれから構築していく必要がある。そうしてはじめて、正確な進捗把握と、その先の「次の」行動が生まれてくる。

ＳＤＧｓの最後のターゲット17・19には、「持続可能な開発の進捗状況を測る、ＧＤＰを補完する尺度の開発に向けた既存の取り組みをさらに強化」することが目標として掲げられる。何が持続可能か、という尺度で考えると、すべての国が発展途上国である。これを測る物差しは、いまだ存在しない。ブータンは、「幸福度」指標を開発している。「持続可能」のその先には、何のための持続可能性なのか、という問いが浮かんでくる。ＳＤＧｓを通った先にある「何のため」をいかに測るのかは、一人ひとりに課された宿題なのかもしれない。

第4章　企業はSDGsにどう取り組むべきか

(1) なぜ企業がSDGsか?

SDGsへの対応が企業価値を決める

SDGsが社会的な関心を呼ぶに至っている要因の一つは、企業がSDGsへの取り組みを強化していることにある。なぜ企業がSDGsなのか。それは、目標8に「経済成長」が書き込まれていることが直接的な理由ではある。それまで持続可能な開発というと、どちらかというと環境面の持続可能性が強調されるあまり、対応が経済的にはコストになるという印象を生むことが多々あった。SDGsはそのような動きとは一線を画し、環境や社会の持続可能性と同等に、経済の持続可能性が重要だと説くからである。

しかしそれだけではない。企業においても、社会的課題の解決が企業活動の本業に大きくかかわりはじめているという現状が、この動向を後押しする。そしてその理由には、リーマンショック以降、企業の価値が、金銭的な価値で測ることのできる財務的要素だけではなく、お金では測れない非財務的な要素によって決まるようになっているという変化がある。つまり、社会課題を解決することが、企業の価値自体を高めることにつながっているのである。

年金積立金管理運用独立行政法人（GPIF）が2019年初頭に実施したアンケート調査によれば、東証一部上場企業で「SDGsへの取り組みを始めている」企業は45％であり、取り組みを検討中という企業39％を加えると、実に80％以上の企業がSDGsに取り組みはじめている。前年の調査ではそれぞれ24％と40％で、合計しても64％だったことと比べると、この一年間の取り組み状況の大幅アップには目を瞠《みは》るものがある。同アンケートによれば、認知度は96・7％と、ほぼ100％に達しているところを見ると、もはやSDGsは企業人の常識だといってよい。

本章ではこうした動向を踏まえながら、ビジネスがSDGsにどう取り組むべきかを見ていくこととする。

CSRとCSV

企業と社会との関係というと、これまで企業の社会的責任（CSR：Corporate Social Responsibility）の存在が語られてきた。簡単にいうと、その論理はこうである。

企業は規模が大きくなればなるほど、株主や経営者の所有物から、社会的な存在という意味合いが強くなる。企業の損益は地域の税収や雇用にも響いてくるし、製造業であれば、製品を利用する人の生活や健康にもかかわってくる。そうなると、株主や資金の調達先だけではなく、顧客や取引先、従業員、さらには地域住民といった、さまざまな関係者の利益を追求することが求められる。すなわち、経営者にも、社会的な役割や責任が生じることになり、企業は社会的責任を伴う存在となっていく。そこで出てきたのが、企業の社会的責任（ＣＳＲ）という考え方である。そこには、「単なる法令順守という以上に、様々な社会のニーズを、価値創造、市場創造に結びつけ企業と市場の相乗的発展を図る」[1]という意味合いが込められている。つまり、情報開示や説明責任を積極的に果たすことで、社会における責任ある存在としての企業、という立場を明確に示すことが求められるようになったわけである。

しかし、日本においてＣＳＲは、企業が本業を通じて社会の価値を高めていくというよりも、どちらかというと本業以外のところで社会への貢献を行う、いわゆるメセナ（芸術文化支援）的な活動に近いものとして、長らくとらえられていた感がある。音楽活動を支援したり、本を寄付したり、あるいは、たとえば災害復興支援活動をボランティアとして行ったり、植林を行ったり、といった活動例がある。つまり、社会奉仕的活動として、利益を世の中に還元するものととらえられてきたきらいがある。

より本業に近いところで社会的価値を実現しようというのが、ＣＳＶ（Creating Shared

Value）という考え方である。マイケル・E・ポーターとマーク・R・クラマーが２０１１年に提唱した。日本語では「共通価値」や「共有価値」と訳されることもあるが、ＣＳＶというのがより一般的であろう。これは企業の事業活動を通じて社会課題を解決しようとするものであり、その名のとおり、社会的価値と企業価値を共有し、その両立を目指すものである。

従来、企業の利益と社会の利益（公共の利益）とは、必ずしも一致しないことがあると考えられてきた。わかりやすいのは環境対策であろう。大気汚染が明らかになることで、それまで行われなかった大気汚染対策を行うようになると、企業には追加的なコストとなる。企業の利益を狭い意味での収益のみに絞って考えると、社会的利益の確保は企業にとってはコストと映ることがある。

しかし、気候変動や生物多様性の破壊、森林破壊、あるいは移民による労働市場の変化や災害やテロによる安心・安全な生活への脅威が増えていくなかで、そうした社会的課題の原因あるいは影響と、企業活動との境界線が次第になくなってきた。火力発電所からのエネルギーを使ってものづくりを進めれば、二酸化炭素を排出し、結果として気候変動を進めることになってしまう。あるいは、気候変動の影響と考えられる水害がまちを襲って、工場が浸水すれば、工場は稼働できなくなる。こうして、課題の解決にも、企業の活動が不可欠になってきた。

そうしたなかで、企業が本業を通じて社会課題の解決を行うことで、企業価値と社会的価値とをともに創造しようというのがＣＳＶといってよい。

日本では江戸時代以来、近江《おうみ》商人の経営哲学としての「三方よし」という考えがよく知られている。「売り手よし」「買い手よし」「世間よし」として、売り手も買い手も満足し、そして世間（社会）も良くなる商いが良い商売だという考えである。CSVとは、この三方よしの別名であるといってもよいであろう。

「四方よし」

SDGsはこの考えをもう一歩進めた「四方よし」である。これは、近江の国だった滋賀県が県を挙げてSDGsに力を入れはじめた当初に、筆者が滋賀県の方々と話した際に、実際、会話のなかで登場した考えである。従来の「三方よし」には足りなかった考え方があった。「未来よし」である。それを補ってくれるのがSDGsだというのである。自己利益のみを大きくすることのひずみが、リーマンショックのようなかたちで明らかとなるなかで、再び「三方よし」が脚光を浴びるのは、素晴らしいことである。しかし、今起こっている課題の本質を見ると、未来の視点をなくしては真の意味での課題解決はできない。

気候変動は、今の時点で温室効果ガスの排出を全くやめたとしても、大気中にすでに放出されたガスの影響がじわじわと出てくるため、今後100年は温室効果ガスの濃度は上がり続ける。人口の動態も、世界的には今後90億人を超えていくというから、今より20億人以上増える人口をどう支えていくかを考える必要がある。そのうえで、「だれ一人取り残されない」ための貧困や格差対策をどうするかを考える必要がある。
未来には、これまでの延長線上で考えられないことがたくさん出てくる。つまり、今とは異なる条件のなかで、課題解決を継続的に行っていくためには、「四方よし」の必要があるわけである。こうしたなかで、企業がＳＤＧｓへの注目を高めているというのは、必然だといってよい。ましてや、新型コロナウイルスは、持続可能でない成長モデルの脆弱さをあぶりだした。その対策のしわ寄せは、非正規雇用者や接客業、中小企業といった取り残されがちな人々に集中している。どん底からの再出発で必要となるのは、ＳＤＧｓの道しるべである。
ＳＤＧｓへの貢献を企業が行うためのガイダンスとなるべく、２０１６年３月にＧＲＩ（Global Reporting Initiative）、国連グローバル・コンパクト、持続可能な開発のための世界経済人会議（ＷＢＣＳＤ）が作成した『ＳＤＧｓコンパス』は、企業がＳＤＧｓに対応することのメリットとして、将来のビジネスチャンスを見極められるということを最初に掲げている。[2]
「未来よし」の指針となるのがＳＤＧｓだということである。ＳＤＧｓが目標としている、課題を解決することそのものが、企業価値を高め、社会とともに歩む企業をつくりだし、そして新たなビジネスチャンスをもたらしてくれる。

（2）経営理念とＳＤＧｓ

「企業行動憲章」の改定

日本経済団体連合会は2017年11月8日に、会員企業の行動指針である「企業行動憲章」を改定した。1991年9月に定められた企業行動憲章の5回目の改定の目玉は、「持続可能な社会の実現のために」というサブタイトルに端的に表れている。SDGs達成を目指した「四方よし」による経営の実現である。そのまえがきには、こうある。

会員企業は、持続可能な社会の実現が企業の発展の基盤であることを認識し、広く社会に有用で新たな付加価値および雇用の創造、ESG（環境・社会・ガバナンス）に配慮した経営の推進により、社会的責任への取り組みを進める。また、自社のみならず、グループ企業、サプライチェーンに対しても行動変革を促すとともに、多様な組織との協働を通じて、Society 5.0の実現、SDGsの達成に向けて行動する。

自社を起爆剤に、グループ企業やサプライチェーンに影響力を発揮しながら、SDGsの達成を目指して変革を行うというのである。行動憲章の中身を見ても、イノベーションを通じて持続可能な経済成長と社会課題の解決を図るという第1条は、特に目標9の実現を目指していると考えられる。その他にも、たとえばすべての人々の人権を尊重するという第4条は目標10を、多様性、人格、個性を尊重する働き方の実現と職場環境の整備を唱える第6条は目標8を目指すものとして、新たに追加されている。また、グループ企業やサプライチェーンにも行動変革を促すという第10条は、目標12や目標17を目指すものと考えてよい。

この改定は、日本におけるSDGs推進にとって非常に大きな意味があるものだったと筆者は考えている。この改定以降、日本の経済界におけるSDGsは一気に普及し、街中、特に東京の大手町《おおてまち》周辺を歩いていると、SDGsのアイコンの色を配置した丸いバッジ（ホイールといわれる）をつけて歩くビジネス関係者を多く見かけるようになった。経団連による「右向け右」の号令があると、一斉に企業が行動することの功罪は、これまでも語られてきたし、筆者自身、その統一感には違和感や不思議さを覚えることもあった。しかし、ことSDGsへの対応に関しては、経団連が舵《かじ》を切ったことは、日本における持続可能な社会実現にとって意義が大きかったと評価したい。

そしてその舵取りが本気であるとすれば、コロナウイルスによってどん底まで落ちた日本経済の立て直しの際にも、SDGsが復興の道しるべとなるはずである。これまでなかなか変えられなかったことが、コロナ・ショックにより一気に変わるチャンスが訪れている。SDGsを目指した復興戦略を講じることで、一斉スタートを切る世界において、日本は再びリーダーシップをとれる可能性がある。

企業理念との親和性

企業行動憲章の改定は、企業とSDGsとの関係を考えるうえで象徴的なものである。これは経団連が行ったから、という意味ではない。どういうことかというと、企業行動憲章のような、経営の「理念」に関するものこそが、SDGsと非常に強い親和性があるからである。

すでに述べたように、日本の企業文化には近江商人の「三方よし」の伝統が流れていることもあってか、企業の理念や、創業者の起業の理念は、社会の役に立つために社業を通じて活動を行う、という意味合いをもつものがほとんどである。

たとえば住友《すみとも》グループは、「信用を重んじ確実を旨とし」として、取引先や社会の信頼にこたえることを最も大切にするとし、また、「浮利にはしり軽進すべからず」として、目先の利益にとらわれないことを方針としている。さらに不文律として、自身を利するとともに、国家を利し、かつ社会を利するという「自利利他　公私一如」精神があるという(3)。JALは、「全社員の物心両面の幸福を追求し、お客様に最高のサービスを提供し、企業価値を高め、社会の進歩発展に貢献する」というし、ANAは、「安心と信頼を基礎に、世界をつなぐ心の翼で夢にあふれる未来に貢献します」と、未来への貢献さえも打ち出している。金融に関しても、大和《だいわ》証券グループは、信頼の構築、人材の重視、社会への貢献、健全な利益の確保という4つの柱を掲げる。

例を挙げるときりがないが、いずれも、企業の理念をよく見ていくと、世界の公益に貢献することを掲げたり、あるいはより具体的に、SDGsの掲げる17目標のうちのいずれかについて、目標達成に貢献すると読み取れるものがほとんどである。むしろ、そうではないというものを探すことのほうが困難である。

こうして、ＳＤＧｓの目標達成にきちんと取り組むべきだ、という考えは、まず経営陣や経営トップから、トップダウンで降りることが非常に多くなっている。経営理念に通じることをいっているのがＳＤＧｓなのだから、貢献するのは当然だ、という論理である。

ＳＤＧｓをこうした文脈で活用することは、企業にとってもメリットがある。

一つは、企業活動や事業活動に公共性があることを示したり、あるいはその活動の正当性を示すことができるという点である。ＳＤＧｓはすべての国連加盟国が合意した目標であるから、その目標を目指すことは当然公共性があるし、また正当な活動であるといえる。ＳＤＧｓに企業として取り組むことは、この点をしっかりと従業員や取引先、そして顧客に対して示すことができる、ということになる。そうなると、社内の人々は、自分たちは世界の明るい未来に貢献しているという「誇り」をもつことができよう。社外の人々は、その会社の活動への信頼が高まるようになる。

そのうえ、ＳＤＧｓは〝世界共通言語〟である。ＳＤＧｓという言葉を使うことによって、異業種の人にも、何のための活動かが伝わる。それだけにとどまらない。全く異なる分野で働く人や、全く違う活動をしている人々といった、多くの異なるステークホルダーへ伝えることも可能になる。同じ目標を目指しているということになれば、異なる活動をしている人同士でも共通項を見つけることができるだろう。うまく補完関係を見つけられれば、コラボレーションによって、さらに活動をスケールアップすることもできる。そこまで行かずとも、同じ目標を目指す異なる活動から、成功のエッセンスや、教訓といった情報を手に入れることも可能になる。

しかも、その共通言語は国境も越えていく。そうなると、市場を広げたり、事業展開を行う国を広げていくことにもつながる。とりわけ発展途上国では、ＳＤＧｓを軸にパートナーを見つけようとする先進国からのＯＤＡや、国際機関によるプロジェクトを引き付ける目的もあり、開発戦略とＳＤＧｓとを関連付ける国も出てきている。そうしたところでは、特にＳＤＧｓという共通言語は威力を発揮することになる。

(3)　ＳＤＧｓを活用したマッピングへ

事業と紐づける

経営理念がＳＤＧｓと同一線上にあるということになると、多くの企業が最初に取り組む対応は、事業とＳＤＧｓとを関係づけ、示すことである。マッピングと呼ばれる活動である。そのこと自体が、「持続可能な取り組みを導入し、持続可能性に関する情報を定期報告に盛り込む」というターゲット12・6に貢献することからも、まずはマッピングに手をつける企業は多い。

ひとことでマッピングといっても、さまざまな形態がある。筆者の研究室で、2017年のFortune Global 500の上位100社のサステイナビリティ報告書（あるいは同様の報告書）における SDGsの記載を調べてみたところ、大別して4通りのマッピング形式が認められた。

第1に、目標の番号を記載し、貢献しているとするが、それ以外の情報を記載しない「目標限定記載」のパターンである。たとえば、「目標3と目標11に貢献する」と記載するものの、どの程度、どのようなかたちで健康や福祉の目標達成に貢献しているのかが見えない。それが妊産婦死亡率の削減というターゲット（3・1）への貢献なのか、エイズ、マラリアといった伝染病や感染症への対処というターゲット（3・3）への貢献なのか、そしてどのように貢献しているのか、といった具体的な姿が見えないパターンである。

第2のパターンは、「解説つき目標掲載」であり、調べたなかではこのパターンの報告書が最も多く見られた。目標のみ記載するのではなく、目標にどのような企業行動が関係しているのかということまで記載されている。SDGsの目標をまず掲げ、その目標に関連する活動を提示する。たとえば目標7であれば、太陽光発電所や風力発電所をどの程度の規模で設置したといった記載がある一方で、地元のコミュニティを事業に巻き込んでいるので目標8に貢献している、といったように、あいまいさを残したかたちでの記載も多く見られた。

第3のパターンは、17目標をすべて掲げ、それにより事業活動を整理するものである。「17

目標掲載」パターンは、大手企業に多く見られるものであり、なかには事業活動が目標達成に向けてどの程度のインパクトを及ぼしうるのかを独自に分析したサムスンのような例も見られた。

そして4つ目が、その企業にとっての重要課題をSDGsで整理する「マテリアリティ分析」パターンである。たとえばネスレは、同社の各事業がどのSDGsに貢献する可能性があるのかをSDGsの星取表のようなかたちで見せたうえで、それぞれの目標への貢献がどのようになされるのかをコミットメントとして掲載している。たとえば、目標12へのコミットメントとして、パッケージの環境パフォーマンスを向上させることや、森林をはじめとする自然資源保護を挙げる、といったものである。

いずれの場合も、SDGsが設定されてから数年以内の段階では、ターゲットへの言及は少なく、目標レベルでの言及がほとんどであり、また、根拠があいまい、あるいは定量的なデータを伴わないかたちで、SDGsへ貢献しているという評価を行うものがほとんどであった。なかには活動と目標との関連を示しているだけにもかかわらず、SDGs達成に「貢献」していることをうたうものさえ見られた。さらに、自社の目標とSDGsの目標やターゲットとを具体的に関連付けて記載しているものが極めて少ないことも、浮き彫りとなった。

筆者の研究室の学生が修士論文で行った研究では、とにかくさまざまな「活動」にSDGsをタグづけする「使用過多」のパターンさえも見られたという(4)。

貢献度を測る

こうしたマッピングをめぐる状況を見ていくと、まだどの企業もマッピングの試行段階を脱していない感を強くする。しかし、何のためにＳＤＧｓと企業活動を結びつけるのか、という原点に返れば、取るべき方向性や方法はおのずと見えてくる。

マッピングで必要になるのは、具体的にどのような活動が、どのように、ＳＤＧｓの目標やターゲット達成に貢献しているのか、あるいは貢献していないのか、を示すことである。貢献していないことについては、企業の場合、あえて公開することは通常控えることが多いだろう。しかし、「まだ貢献していないがこれから貢献する」ものであれば、むしろ提示していくほうがよい場合もある。脱使い捨てプラスチックの取り組みなどはその典型例といえよう。これまでできていないからこそ、これからやるという宣言をする。そうなると、大事なのはその宣言によって何が変わるのかを示していくことである。

こうして、貢献度合いを定量的に示すことが重要になる。ＳＤＧｓの唯一の実施メカニズムが「測る」ことにあることに鑑みれば、測ることは、変革への貢献度を示すうえで非常に有効である。測り方や開示可能なデータは限られたものとなるかもしれない。それでも、目標に向かって進んでいることを客観的に示すことが重要である。定量的に示しきれないものは、第三者が定性的に測るという手段もありうる。

のちに述べるように、こうした情報の開示は、投資の世界でも重要性を増しつつある。お金以外の部分での企業の価値、いわゆる「非財務情報」の開示である。ＳＤＧｓへの貢献をマッピングし、示していくことは、非財務情報を開示して、企業価値を高めていくことにもつながる。

コロナ・ショックや自然災害といった大きなショックからの復興期には、企業と社会が同じ方向へ進むことが、企業活動にはプラスになることがわかっている。だとすれば、そのことを律儀に示すことこそが、企業の力になる。

(4) 未来からのビジネスへ

「行動の10年」と企業

ＳＤＧｓが２０１５年に設定されてから最初の４年は、普及や試行の期間だったといってよい。ＳＤＧｓが決まる当初から、当時の国連事務総長特別代表のアミーナ・モハメドは、国連総会のもとで最初のレビューが行われる２０１９年まではスタートアップの時期であるといっていた。２０１９年のＳＤＧｓサミットは、次の10年を「行動の10年」と定めたが、２０２０年から、いよいよ本格的行動が始まることになる。

最初の４年間は、企業の取り組みも試行的だった。しかし、２０２０年からは本業での活動が本格化することになる。その矢先に起こったコロナ・ショックは、すべての国を持続可能な成長へ向けたレースの振り出しに戻したと見ることもできる。ここからの再スタートの方向性が、差をつけることになる。では、本格的な活動とはいったい何のことをいうのであろうか？

たとえば先に見たマッピング一つをとっても、本格的活動を考えれば、やり方も活用法も変わってくる。SDGsの目標やターゲットと企業活動を本格的に結びつけ、マッピングを行っているのであれば、目標達成へ向けて何が達成でき、何が達成できていないのかがわかるはずだ。製造業であれば、どこからどのような素材のものを仕入れ、どのようなエネルギーを利用して生産し、どのようにして出荷しているか。あるいは、生産過程で多様な働き方がきちんと確保され、女性の採用は公平に行われているか。できた製品はリサイクル、リユース可能になっているか、あるいは効果的に廃棄できるのか。こうしたことを丁寧にSDGsの目標やターゲットと結びつけたマッピングができていれば、この先、より持続可能な製品をつくっていくために、どこに手をつけなければならないのかがわかるはずである。そうすることで、価格以外の部分での商品の「ストーリー」ができ、差別化へとつながる。

どこにどれだけ手をつけるのかは、経営判断である。ただ、どこにどれだけ手をつける余地があるのかを示し、可能性のメニューを示すことは、知識の力でできることである。

無印良品とのマッピング

こうした発想から、筆者が代表を務めるxＳＤＧ・ラボでは、良品計画との共同研究を行った。無印良品のブランド名で知られる良品計画は、従来から持続可能性に留意した商品づくりで有名だ。ただ、それがＳＤＧｓという新たな未来の共通価値という視点から見たときに、どのような評価ができ、どこに改善の余地があるのかを知ることは、チャレンジでもある。

マッピングを行うとはいえ、良品計画の商品は極めて幅が広い。衣類、生活雑貨から文房具、果ては家に至るまで、極めて多様な商品群を抱えるこの会社をＳＤＧｓで丸裸にすることは、極めて困難だということがわかったのが、最初の壁であった。

もとより、ＳＤＧｓをマッピングへ向けた「ツール」として扱う際には、企業を対象にするべきか、あるいは事業を対象とするべきかで、まず判断が分かれるところである。企業を対象にすると、たとえばある事業については、天然資源の管理を行いながらその効率的な利用を行うという、12・2の実現へ向けた貢献をしている一方で、別の事業では、化学物質を利用し、排出しているため、その大幅削減を目指す12・4の達成とは逆の方向で行動している、といったことがありうる。その際には、前者と後者をバランスのうえで判断するため、比較可能なかたちで定量評価ができればいいが、これは簡単にできるようなものではない。下手をすれば、プラスマイナス・ゼロという評価に陥る可能性もある。これではどの行動を促進すべきなのかが、わかりやすく伝わらない。

こうした思考実験を繰り返した結果、ＳＤＧｓによるマッピングは、具体化すればするほど事業ごとの評価が適していることがわかってきた。一方で、雇用に関する点などについては、商品ごとの雇用というよりも企業としての雇用ということになるだろうから、企業単位で見ていく必要がある。したがって、事業評価をベースとしつつ、必要に応じて企業全体の評価をそこに組み入れながら進める必要があることがわかってきた。そして、企業の評価は、そうした事業評価の集積として行うべきであるという結論に達した。つまり、SDGsの達成が、自分ができることから行動し、同じ方向で行動できる人と結びついて行動の輪を広げていくことで実現できるのと同様に、企業についてもSDGsの目標達成に貢献する事業を増やし、いずれそれらがそれ以外の事業を淘汰《とうた》していくことでSDGsに真に貢献する企業ができていく、という考え方である。

こうした発想の下で、いくつかの事業や商品についての分析を行った。SDGsの目標は、グローバルな視点に立ったものであることから、目標やターゲットを企業活動に適応させるためには、レベルを企業活動に合わせて「翻訳」する必要がある。

たとえば前述したターゲット12・2で見るならば、商品単位で、環境影響や資源利用を把握し、そのなかで天然資源を効率的に利用しているかどうかを評価する。これに対して各国の定義に合わせた貧困の半減を目指すターゲット1・2であれば、相対的貧困層の雇用を行っているかどうか、行っている場合に、どの程度行っているかによって、ターゲット1・2への貢献の如何《いかん》を測る。これは会社単位での評価となる。

こうした評価を組み合わせながら、個別事業がどの程度目標達成に貢献し、どこに改善の余地があるのかを明らかにした。

無印良品については、さらに商品の社会貢献を表すリストとして「100の良いこと」という項目があることが、分析をやりやすくしてくれた。たとえば、「オーガニックコットンの活用」や「再生コットン」、あるいは、規格外のサイズや形で従来捨てられていたものを商品にする「工程の点検」といったように、いくつかの「良いこと」が挙げられている。これらの項目は各商品に結びつけられることから、この「100の良いこと」がSDGs達成へ向けた行動とみなされれば、目標達成への貢献については、この観点からマッピングすることも可能になる。

こうして詳細にマッピングを行うと、何をすれば変革ができるのか、どこにさらなるチャンスが埋もれているのか、何を変える必要があるのか、といったことがわかる。たとえば、オーガニックコットンTシャツについては、雇用に関する目標8や、持続可能な消費と生産に関する目標12は合格点だが、再生可能エネルギーの使用増大に関する目標7や、海洋プラスチックごみ対策に関する目標14について、改善可能な点があることがわかってきた。このうち目標14については、すでに容器包装を変えるといった対応がとられている。

こうした情報は報告書に掲載するというよりも、戦略形成のために活用すべき部分が多いかもしれない。しかし、ここまで行うことができれば、SDGsが本業に生きてくる。

目標から始める

マッピングの先へと進む第一歩は、ＳＤＧｓ達成に貢献する目標を設定することにある。そもそもＳＤＧｓ自体が目標の体系であることを考えれば、目標設定から始めることは道理にかなったことである。

企業における目標というと、四半期ごとの売り上げや、１年あるいは長くても数年後の達成目標が、たいてい頭に浮かぶものであろう。しかしＳＤＧｓは、できた時点から考えれば15年後の目標である。ここでいう目標も、10年後あるいは15年後を見据えた長期目標のことをいう。その間に経営陣が交代することもあろうから、そうした目標を掲げることは、企業文化のなかではなかなか難しいかもしれない。しかし他方で、長期的な方向性を示しておくことは、どこに会社が向かっているのかを内外に示す意味でも効果的である。

ＳＤＧｓは長期目標設定をよりやりやすくしている。２０３０年の世界のかたちを表しているものがＳＤＧｓだとすれば、それに沿うかたちでの目標設定をすることで、社会と共に歩み、社会に貢献する会社の方向性も示すことができる。そうすることで、その方向性に賛同する資源も集まってくるであろう。希望をもって入社する新入社員しかり、その目標に貢献しうるような物質的資源しかりである。さらには、社会課題解決や持続可能な活動に関心をもつ投資家や銀行から、資金も集まるだろうし、目標達成へ向けたさまざまなアイディアという知的資源も集まるだろう。大きな目標を掲げることは、実質的なインパクトも生み出しうる。

こうした目標設定の動きは、実際に始まっている。

前章の目標14のところで触れたように、脱プラスチックはその一つの例である。2018年1月には、コカ・コーラ、ペプシコをはじめとするグローバル企業11社が、2025年までにすべてのパッケージを再利用、リサイクル、堆肥化可能な素材に変える目標を宣言した。

トヨタは2015年に「環境チャレンジ2050」として、6つのチャレンジというかたちの目標設定を行った。二酸化炭素排出ゼロを実現し、人が自然と共生する社会を2050年の姿として設定したうえで、具体的なターゲットを掲げている。それらは、①新車CO_2ゼロ、②ライフサイクルCO_2ゼロ、③工場CO_2ゼロ、④水影響インパクト最小化、⑤循環型社会・システム構築、⑥人と自然が共生する未来づくり、という6つである。さらに2018年には、2030年のマイルストーン（里程標）として、具体的な数値目標を設定した。

そこまで明確な目標設定を行わずとも、たとえば三菱《みつびし》商事は、2018年には事業戦略のなかに、発電事業において2030年の発電量ベースでの再生可能エネルギー比率20%超を目指す、として、「目指す」というかたちでの目標設定を行っている。

より広範囲の連合を形成する取り組みも加速化する。世界の平均気温上昇を産業革命前と比べて2℃未満に抑えるという目標に向けて、科学的知見と整合するような、温暖化ガス排出削減目標を企業が設定することを推進するSBT（Science Based Targets）という取り組みである。

これは、国連グローバル・コンパクト、世界資源研究所（WRI）、CDP（カーボン・ディスクロージャー・プロジェクト）、それにWWF（World Wide Fund for Nature、世界自然保護基金）が共同して立ち上げた取り組みである。科学的情報にもとづいて2050年に49（必須）～72％（推奨）の排出削減を行うことを目安とし、これを実現するために毎年同じ割合だけ削減すると年1・7～3・1％の削減になるという計算のもと、2025年から2030年の削減目標を設定するものである。同目標へのコミットメントを表明して申請したのちに、認定を受けることになる。

SBTへのコミットメントを表明した企業の数は2020年2月現在ですでに798社に上り、うち333社が認定を受けている。環境省が目標設定支援事業を行っていることもあり、日本の企業数は米国に次ぎ世界第2位となっており、86社がコミットメントを表明し、62社が認定を取得している。建設、化学、食料品、金属製品、電気機器、不動産業といった極めて多様な業種の企業が目標設定を行い、その数は増加の一途をたどっている。(5)

最低でも2050年までに電力を100％再生可能エネルギーにする、という目標を掲げ、毎年の電力データを開示する企業によるRE100という仕組みも、加盟企業は増加の一途をたどる。2014年に国際NGOのクライメイト・グループとCDPがスタートさせたこの取り組みは、2020年2月には加盟企業数が前年から約4割増の224社に上り、日本企業も30社が加盟する。2018年には70社が、必要な電力の75％を再生可能エネルギーで調達し、マイクロソフトを含む34社は、すでに再生可能エネルギー100%の目標を達成したという。課題への社会的関心が高まれば、消費者のブランド・イメージアップにもつながるこうした目標設定から始め、必要に応じて途中のマイルストーンも掲げたうえで、その進捗を計測・開示する。目標は、達成に関連する行動を促し、また、関連資源を集めることにもつながってい く。目標がSDGs達成に貢献することで、未来社会への貢献と本業の一致も図ることができる。ましてや、ポスト・コロナ社会では、この点の重要性は強調しても強調しきれない。新型コロナウイルスであぶりだされた感染症対策や、雇用・格差といった諸問題への対策が、気候変動やマイクロプラスチックといった諸問題によるダメージをさらに悪化させないように進められる必要があるからだ。

目標から始める取り組みは、今後ますます、さまざまなメリットを生み出していくであろう。

イノベーションの起爆剤としてのSDGs

目標から始めるメリットの一つとして特に取り出して考えるべき重要なことが、イノベーションの創発である。SDGsの目標やターゲットは、すぐには達成できそうにないものが並んでいる。つまり現状と目標の間にはギャップがある。このギャップこそが、イノベーションや新たな事業、そしてビジネスを生み出す起爆剤になりうる。第二電電、イー・アクセス、イー・モバイルを手掛け、今は再生可能エネルギー会社レノバの会長を務める起業家の千本倖生《せんもとさちお》は、その著書のなかで、矛盾があるところには必ずビジネスチャンスがあるという。そして、矛盾を解決すれば社会のためになり、大きなビジネスになる確信がある、という。社会の矛盾を見つけ、社会課題の解決を図ることこそ、ビジネスを成功させる近道なのである(6)。

そのような視点に立つと、SDGsは社会の矛盾の宝庫であり、したがって、ビジネスチャンスの宝の山だ、ということになる。SDGsの目標やターゲットを達成できる手段を開発できれば、技術であれ、制度であれ、社会の仕組みであれ、大きなイノベーションになる。つまり、SDGsという答えだけが載っている問題集のページをめくり、どうやったら答えにたどり着けるかというプロセスを解くことができれば、大きなイノベーションが生まれることになる。

日本ユニシスの平岡昭良《ひらおかあきよし》社長は、「妄想」することの大切さを説いている。週にわずかな時間であっても、ぼーっと何かを考えたり、妄想したりすることが、のちに大きな発想を生むことになる非常に大切な時間だ、というのである。そうした時間を大切にしながら、自由で柔軟な発想をしていくことが、一足飛びで目標達成を実現する「リープフロッグ（馬跳び）」を生み出すことにつながる。

日本の科学技術基本計画は、狩猟社会のSociety 1.0、農耕社会のSociety 2.0、工業社会のSociety 3.0、情報社会のSociety 4.0に続く社会として、Society 5.0の構築を打ち出している。サイバー空間とフィジカル空間が高度に融合することで、経済発展と社会課題の解決を同時に達成する社会だという。これを受けて経済界は、経団連がSociety 5.0をＳＤＧｓ達成のために展開していくという方向性を打ち出している。ここで必要なことも、ＳＤＧｓを眺めながら出てくる新たな発想でイノベーションを起こしていくことだといえる。

同様の社会を世界経済フォーラムは第4次産業革命と呼んでいるが、そこでも同じことがいわれている。Society 5.0も第4次産業革命も、社会のありようは自律分散協調的な方向へと向かう。中央集権的にコントロールするのではなく、インターネットの世界がそうであるように、自律分散的な主体が、しかしネットワークを通じて協調しながら、課題を解決したり、秩序をつくっていったりする。そうした世界で重要なのが、共通目標や共有されたヴィジョンの存在だというのである。特にインターネットの世界では、倫理（ethics）が重要になってきていると、村井純はいう。

そのときに公共性にもとづく共通目標を示してくれるのが、すべての国連加盟国が合意したＳＤＧｓである。そこには、未来基準で倫理的に正しいとされることが示されているともいえる。ＳＤＧｓに掲げられた目標を見ながら発想することで、イノベーションと変革が見えてくる。これは大きなビジネスチャンスだといえよう。

ＳＤＧｓと中長期経営戦略との統合

ＳＤＧｓが「少し先」の目標であることを考えると、企業における中長期経営戦略はＳＤＧ

sと親和性が高い。中長期の経営の方向性をSDGs達成へ向けた行動に合わせていくことは、「三方よし」の一歩先を行く「四方よし」を実現していくことにつながる。CSVの一歩先に踏み出す実体をもたらすのが、SDGsと中長期経営戦略の統合である。

SDGsの目標やターゲットは、経営課題と何らかのかたちで親和性があるというのはすでに述べたとおりだが、ここではさらに、SDGsが目指すところを企業の文脈に翻訳したうえで、経営戦略のなかに落とし込んでいく作業が必要になる。たとえば、「新たな事業領域の創造」や「新たな価値の提供」といったような戦略上の方針があるとすれば、わかりやすい。まちづくりと建築であれば、持続可能なまちづくりをうたう目標11や、目標8や目標12にある資源生産性の向上をうたうターゲット達成を目指すべく、まちに開かれた建築物や災害時に利用可能な建物を増やしたり、認証材の利用を増やしたりすることで、企業価値はSDGsの価値と軌を一にする。「事業におけるICTの活用」を掲げるのであれば、エネルギーの効率的利用でターゲット7・3達成に貢献したり、運送プロセスの効率化で気候変動対策の目標13達成に貢献したりすることができる。あるいは、働き方の面でテレワークを増やすことなども含まれるであろう。

SDGsを目指すため、ということから出発して中期や長期の経営戦略を考えるというのは、新たな事業を起業する場合を除き、実際には企業ではかなり難しいことだろう。目の前にある自社の事業と利益を考えることが、企業活動の大前提だからである。したがって、SDGsを主語にするのではなく、自らの事業を主語に置きながら、これを通じてより多くのSDGsを達成するにはどうすればよいかを考えたり、そのための事業戦略を練ることが大事になる。SDGsがない状態と比べて、SDGsがあることで少しでも戦略の方向性が変わるのであれば、持続可能な未来への貢献度はより上がっていく。

事業のやり方次第では、場合によってSDGs達成に向けて足かせとなってしまう（トレードオフが生じる）目標が出てくることも想定される。そのような場合、戦略を組みなおしたり、足かせとなる要因を取り除く方向へ進むことが、社会との共有価値創造へ向けたより良い経営戦略をつくることになる。

「新たな事業領域の創造」でいうと、たとえば石炭火力発電所を設置すれば、雇用が生まれて目標8には貢献できるかもしれない。しかし、目標13の気候変動問題解決とは逆の方向へ向かってしまう。だとすれば、再生可能エネルギー事業に舵を切ることで、雇用も生まれて気候変動問題解決にも役立つ方向へと、中長期的に向かう戦略をとって、「未来よし」を実現することが得策だということになる。

できるだけ多様な発想を中長期経営戦略に取り入れるため、社員がワークショップを開いて中長期経営戦略を策定する企業も出はじめた。神奈川県にある大川《おおかわ》印刷という会社である（後述）。こうした取り組みには、働きがいを増したり（目標8）、社員と経営とのパートナーシップを高めたり（目標17）する効果もある。一つの工夫の方向性だといえよう。

とはいえ、こうしてみていくと、SDGsの目標やターゲットは、必ずしも企業の行動に落とし込んでいきやすいものばかりではないことに気付くであろう。たとえば食品産業を想定すると、食品廃棄物の半減（12・3）は落とし込みやすいかもしれないが、持続可能な食料生産システムの確保によるレジリエントな農業の実践（2・4）は、何がこのターゲット達成に貢献する行動なのかが、なかなか一義的に決めにくい。こうしたものを企業行動のレベルに落とし込めるように「翻訳」作業を行うことが今後重要になる。xSDG・ラボでは、企業行動に落とし込めるような「企業のためのSDGs行動リスト」を2020年春に公表し、こうした「翻訳」の一助となる取り組みを始めている。たとえば、世界のエネルギーミックスにおける再生可能エネルギーの大幅拡大（7・2）は、企業の行動としては、再生可能エネルギーの利用という行動によって貢献できるといったように、何をすればSDGsに貢献しうるのかを示している。[7]

リスク回避のためのSDGs

SDGsはリスクを回避するための道しるべとしても活用できる。

自社はもとより、取引先で問題が生じると、業務が止まってしまうことがある。たとえば、過度な労働時間、職場での男女間や外国人に対する差別が明らかとなったり、あるいは児童労働が発覚した結果不買運動が起こるといったことは、これまでも耳にしてきた。90年代後半のナイキが東南アジアの工場で行っていた児童労働や長時間労働に対する不買運動はそうした例の一つだ。

森林破壊をしている会社から原材料を調達していることが発覚して、用紙の調達が止まることで、業務が止まってしまう事態が生じた会社もある。２０１１年8月オーストラリアのＡＢＣ放送によって、大手製紙会社が森林を破壊していることが報道された。その会社から用紙を調達していた富士ゼロックスも批判を浴び、ビジネスに影響が出たという。

富士ゼロックスはその報道直後にこの会社との取引を停止するという素早い行動で影響を最小限に食い止めたというが、この経験から翌年には用紙調達基準を改定している。環境の保全、地域住民の保護、企業倫理の徹底を行うという基準を定め、その基準を満たした企業からのみ、用紙を調達することにしたという。

ＳＤＧｓへの対応の早い企業には、過去にこうした苦い思いをしたことのある企業が多いのは、過去の轍《てつ》を踏みたくないという教訓が息づいているからであろう。

劣悪な労働環境をなくすことや安心・安全な労働環境の促進については8・5や8・8に掲げられている。また、児童労働の廃止は8・7にある。持続可能な森林経営の促進は15・2に、山地生態系の保全は15・4に、それぞれ掲げられている。ＳＤＧｓ達成を目指したり、あるいは達成を目指す企業と取引を行うことで、マネジメントリスクは回避される。

マネジメントリスクとも深くかかわるリスクに、評判が悪くなるというレピュテーションリスクがある。富士ゼロックスの例のように報道されるまでいかなくとも、評判が悪くなれば、売り上げも落ちる。特に消費者と直接向き合う企業や業種であればなおのことである。とりわけ現代は、インターネットやSNSの普及により、意図しようとしまいと、問題が発覚しやすくなっている。何気なくツイッターに投稿した言葉や、YouTubeへの投稿動画、Facebookやインスタグラムに載せた写真などがきっかけとなり、たとえ背景に写っていただけでも、クローズアップしてみたら不正が行われていた、などということもある。風評被害は避けるべきではあるものの、いったん風評が出てしまい、炎上するとなかなか収束できないこともある。こうしたリスクを回避したり低減したりする手段としても、SDGsを活用することが可能である。

新たなビジネスへ

SDGsのビジネスへの活用は、新たなビジネスや事業を始めるところに特徴的に見られる。目標達成を基準に、新たなビジネスチャンスをつかむ。その先にあるのは、つかんだチャンスを広げ、利益を上げることで、商品やサービスのコストを下げていく「広げるSDGs」が一つの道だ。商品やサービスが一点もので広げることが難しい場合には、素材や作り方に関する「ストーリー性」で価値を高めることでビジネスモデルをつくり、持続的なビジネスを展開する「深めるSDGs」がもう一つの道だ。SDGsが設定されてから本書の執筆時点で4年が過ぎ、最初の国連総会でのＳＤＧｓ議論が終わった段階なので、成果が目に見えるかたちで出てきている事例はまだ多くないが、それでも成功事例の片鱗《へんりん》は見えはじめている。

ＳＤＧｓはルールがないことから、優良事例を取り上げて、それに倣うかたちで多様なやり方が出てきたり、そのエッセンスを学んでいくことが重要になる。国連が２０１９年に発行した『グローバル持続可能な開発報告書（ＧＳＤＲ）』や日本での「ジャパンＳＤＧｓアワード」の意図もそこにある。特に、第2回のＳＤＧｓ推進本部長賞を受賞した日本フードエコロジーセンター（Ｊ．ＦＥＣ）や、同ＳＤＧｓパートナーシップ賞を受賞した大川印刷などは、ＳＤＧｓ達成を目指した経営を前面に押し出すことで収益を上げている格好の事例である。

日本フードエコロジーセンターは食品関連事業者で発生する食品廃棄物を発酵飼料にして、契約養豚農家の生産へとつなげることで、廃棄物処理と飼料製造を同時に行う会社である。飼料製造過程での温室効果ガス排出を減らし、また、国内での食料残渣《ざんさ》から飼料を製造することで、自給率を上げている。加えて、65歳以上の高齢者や身体障がい者を雇用し、ＳＤＧｓの目標でいえば12、2、8、10、13等の同時達成を目指す取り組みをしていることが評価された。特に、新卒の離職率がゼロというのは興味深い。社会に貢献しているというやりがいや、働き方重視の姿勢が評価されていると考えられる。

重要なことは、日本フードエコロジーセンターの売り上げがここ5年間着実な伸びを示している点である。

従来型と比べ70％以上消費電力をカットできる印刷機（写真・大川印刷）

大川印刷は、エネルギーの利用や使用する紙と森林破壊の関係が問題になったり、従業員への健康影響等が課題となる業界のなかで、こうした点を克服することでビジネスチャンスをものにした事例だといってよい。石油系溶剤を含まないインクを使用して7割の印刷物を製造したり、大気汚染の原因となるＶＯＣ（揮発性有機化合物）インクの割合を1・3％にするなど極力環境負荷を抑えている。あるいは持続可能な森林資源を利用したＦＳＣ認証紙への印刷を行うなど、目標3、8、12、15達成を目指す活動を行ってきた。さらに最近ではカーボンオフセットの導入などによって二酸化炭素排出量をゼロにした印刷や、太陽光発電によるＲＥ１００印刷の実現などにより、目標7や13達成にも貢献する。そのうえで障がい者雇用を進めたり、経営計画策定を従業員主体で行うなど、目標10や17達成にも貢献していることが評価された。日本フードエコロジーセンター同様、重要なのは、こうした取り組みをしたことで新たな取引先が出てきたり、売り上げが伸びているということである。

こうした先進事例に追随するかのように、SDGsに目を向けはじめた企業が出ている。なかでも中小企業が少しずつ成功事例を増やしつつあるのは心強い。墨田《すみだ》区にあるガラス会社は、斜陽業界のなかで、脱プラスチック、脱ペットボトルの動きを背景に、自然素材でつくられるガラス容器がSDGsの目標達成に貢献するとして事業を再構築しはじめたところ、取引が増えてきたという。同じく墨田区にある皮革製造工場は、植物タンニンで皮をなめす製法を開発してきたところにSDGsと出合い、これが持続可能な生産形態の確保を行う目標12に貢献すると売り出していったところ、確実にネットワークが広がっているという。

中小企業の場合、前述したような経営方針と事業内容とがダイレクトに結びつく場合が多い。特に、利益以上に社長の「美学」が事業に結びつき、経営を進めているケースが目立つように思う。その「美学」の多くは、地域のためとか、社会のためとか、子どもたちのため、といったこだわりである。こうした中小企業での推進方法は、SDGs達成を目指す一つの視点として示唆に富む。

最近は消費者庁や科学技術振興機構などもSDGs達成を目指した優良な取り組みを表彰するアワードを創設している。優良事例はますます増えつつある。

今後はこうした事例を整理するプラットフォームの充実や、プラットフォームを通じて新たなビジネスを創出するような、企業間のマッチング機能によって、事例がさらに増えていくことを期待したい。マッチングは企業間に終わらない。研究機関やNGO・NPOとのコラボレーションも期待できる。そうなれば、日本が弱いとされる機動的なパートナーシップ（目標17）を通じた目標達成も見えてくる。すでに関西では関西SDGsプラットフォームが立ち上がり、情報交換を促進している。また、SDGs推進本部の事務局を担う外務省のJapan SDGs Action Platformもその機能を充実させようとしている。地方創生の文脈では、地方創生SDGs官民連携プラットフォームがある。プラットフォームを乱立させるのではなく、政府が中心に交通整理を行いながら、個別のテーマ別プラットフォームが推進されるような仕組みづくりも必要になってきている。

消費意識の変化

一方、消費者の関心の高まりが、SDGs推進の力となっている側面も見過ごせない。『ELLE Japon』や『FRaU』、『with』、『美的』といったポピュラーな女性誌が、軒並みサステイナブル・ファッションやSDGsの特集を始めたことは、ファッションの世界が変化しつつあることを反映している。グッチやバーバリー、アニエスベーといったブランドが、サステイナブルなファッションに力を入れはじめ、SDGsを推進しはじめたことも、意識の変化の加速に貢献している。

衣服の生産は、素材選択から目標達成に貢献するか否かが始まる。自然素材か化学繊維かで、目標12への貢献の如何が決まる。石油由来繊維となると、気候変動対策の目標13に逆行するばかりでなく、洗濯の際にマイクロプラスチックが流出することで、目標14達成に逆行することもある。繊維の生産や販売においては、児童労働の有無や安全・安心な労働環境、そして同一労働同一賃金を実現しているかなど、目標８の達成へ貢献するか否かが、対応によって分かれる。売れ残りの衣類や着古した衣類となると、今度は廃棄の問題が生じる。日本における衣料品の廃棄は、現在年間約１００万トン、衣服にして約30億着にも上るともいわれているから、これをそのまま焼却することになると気候変動の原因となっていく。いかに廃棄を少なくし、修復しながら長く着るか、そして古着をリサイクルあるいはリユースするかが、ＳＤＧｓへ貢献をするのか、逆行するのかの境目になる。今後世界人口が70億から90億へと増加するなかで、ビジネスモデルの変更が大きな課題となっている。

こうしてみると、ファッションもまた、食品ロスと同様、サプライチェーン全体にわたって考える必要があることがわかる。そうなると、目の前にある製品だけにとどまらず、その製品がどこから来てどこへ行くのか、そしてどのように運ばれてきたのか、という「ストーリー性」が差別化の一つの分岐点になる。一点モノの「深めるＳＤＧｓ」の商品の値段は多少高くつく。しかし、愛着をもち、修復しながら長く使うことで、さらに自分の手元でもストーリーを加えることができれば、結果的に元を取ることができるはずである。

そういう文脈のなかで、サステイナブル・ファッションや、エシカル消費（人、社会、地球環境に配慮した倫理的消費）が関心を集めている。素材を大量生産可能な化学繊維から、自然素材を使ったオーガニックコットンへと変えることで、製品の単価は上がるものの、売り上げを増やしている企業も出てきている。

こうした動きをとらえ、2018年にeコマースの楽天《らくてん》は、アース・モール（Earth Mall）という新たなオンライン・ショッピングモールを開設した。そこで売られる製品は、持続可能な漁業にかかわるASC（Aquaculture Stewardship Council）認証やMSC（Marine Stewardship Council）認証、持続可能な森林管理にかかわるFSC認証、フェアトレード、パームオイルに関するRSPO認証、オーガニック繊維でつくられた製品のGOTS（Global Organic Textile Standard）認証といった国際認証を取得した商品を中心に、それ以外の商品は、何人かの専門家がサステイナブルだと認めた商品が売られている。

こうした国際認証を取得すると、いくつものSDGs達成に貢献することが、我々の研究からも明らかとなっている。たとえばFSC認証を取得するためには、持続可能な森林経営をしているというばかりでなく、労働環境などもきちんとしている必要がある。こうして、FSC認証を取得すると実に15の目標に貢献しうることがわかっている。同様に、MSC認証は8つの目標、フェアトレードはすべての目標に貢献する、といった具合である。

アース・モールでは流通額が増加しているというから、持続可能な消費への関心が高まっていることが見て取れる。酷暑をはじめ極端な気象現象の増加といったように、地球の異変が次第に肌身に感じられるようになった今日、消費者の意識も次第に持続可能性を求めるものへと変化している。そうなると、ＳＤＧｓ達成を目指していくことが、ブランドイメージの向上に効いてくるようになるだろう。ＳＤＧｓが「カッコよく」なれば、変革も近い。

(5) ＳＤＧｓ金融と企業行動の計測

金融セクターの動向

２０１８年ごろからにわかに関心を高め、盛り上がりを見せているのが、ＳＤＧｓをめぐる金融セクターの動向である。証券会社や銀行、そして日本証券業協会や全国銀行協会といった業界団体が、ＳＤＧｓの事業への取り組みを前面に押し出し、舵を切りはじめた。２０１７年にはまだ様子見状態で、「ＳＤＧｓは本当に定着するのか？」と疑問を呈していた大手銀行幹部も、翌年には「うちもきちんと取り組むことにしたよ」と、流れを読んだことを筆者に伝えてきた。もはやＳＤＧｓ金融の流れは止められない。

日本サステナブル投資フォーラムが行っている投資残高アンケート調査によると、２０１４年に８９６２億円であった国内投資残高は、ＳＤＧｓが設定された２０１５年には26兆６８７３億円へと跳ね上がり、２０１６年以降は56兆２５６６億円、２０１７年１３６兆５９５９億円、２０１８年２３１兆９５２３億円、２０１９年３３６兆３９６億円と、直近でも前年比約

45%増という驚異的な伸びを示している。2018年における機関投資家の総運用資産残高におけるサステイナブル投資の割合も、41・7%まで伸びてきている。

世界最大の機関投資家である年金積立金管理運用独立行政法人（GPIF）が、SDGsが生まれたのと同じ2015年9月に、国連責任投資原則（PRI）に署名し、その後GPIF自体がSDGs金融をリードしていることも、こうした動きに大きくかかわる。PRIとは、2006年にスタートした、国連環境計画の金融イニシアティブと国連グローバル・コンパクトのパートナーシップによる投資家イニシアティブのことだ。環境（Environment）、社会（Social）、ガバナンス（Governance）の頭文字をとったESGに関係する課題と金融業界との関係に注目し、安定的で持続可能な金融システム構築を目指している。その活動の核となるのは、以下の6つの原則へのコミットメントを署名機関に求めている点である。

・投資分析と意思決定のプロセスにESG課題を組み込むこと
・活動的な所有者となり、所有方針と所有習慣にESG問題を組み入れること
・投資対象企業にESG課題についての適切な開示を求めること
・資産運用業界において本原則が受け入れられ、実行に移されるよう働きかけること
・本原則を実行する際の効果を高めるために協働すること
・本原則の実行に関する活動状況や進捗状況を報告すること

GPIFによるESG投資とSDGsとの関係図（出典・GPIF）

ＧＰＩＦは、投資家はＥＳＧ投資を推進し、投資対象となる企業はＳＤＧｓ達成を目指すことで投資を呼び込む、というコンセプト（図）をつくりあげ、２０１７年10月に投資原則を改め、さらに２０１８年からは「ＥＳＧ活動報告」を始めている。

２０１９年には国連責任投資原則（ＰＲＩ）の銀行版ともいえる「責任銀行原則（ＰＲＢ：Principles for Responsible Banking）」が発足し、世界の銀行全体の３分の１程度の資産約47兆ドルを占める１３１の銀行が署名をした。その６つの原則は、以下のとおりである。

・整合性：個々人のニーズや社会的目標と事業戦略を整合させる
・インパクトと目標設定：事業や商品、サービスの悪影響を低減する一方で、好影響を増加させる。

そのため、重大なインパクトを与える可能性のある分野について目標を設定し、公表する
・クライアントと顧客：クライアントや顧客と協力して現在と将来の世代に繁栄をもたらす経済活動を行う
・ステークホルダー：社会的目標達成のためステークホルダーと積極的に協働する
・ガバナンスと文化：効果的ガバナンスを行い、責任銀行の文化を創造する
・透明性と説明責任：好影響も悪影響も、そしてどれだけ社会的目標に貢献したかについて、透明性をもって説明責任を果たす

日本からも三菱UFJフィナンシャル・グループ、三井住友《みついすみとも》フィナンシャルグループ（SMFG）、みずほフィナンシャルグループ、三井住友トラスト・ホールディングスの4社が署名した。PRBがあくまで原則であることや、原則実施まで4年以内に体制を整備するというリード期間もあることから、PRB署名が取り組んだ「ふり」に使われる、いわゆる「ウォッシュ」に利用される懸念を表明しているNGOもある。だが、社会と銀行の利害の一致を目指す方向性が強化されつつあることは、こうした動きからも見て取れよう。

金融庁もこうした流れを後押しする。「金融行政とSDGs」という資料のなかで、「SDGsは企業や経済の持続的成長と安定的な資産形成等による国民の厚生増大を目指すという金融行政の目標に合致する」として、金融庁としてもSDGsの推進に積極的に取り組むという。

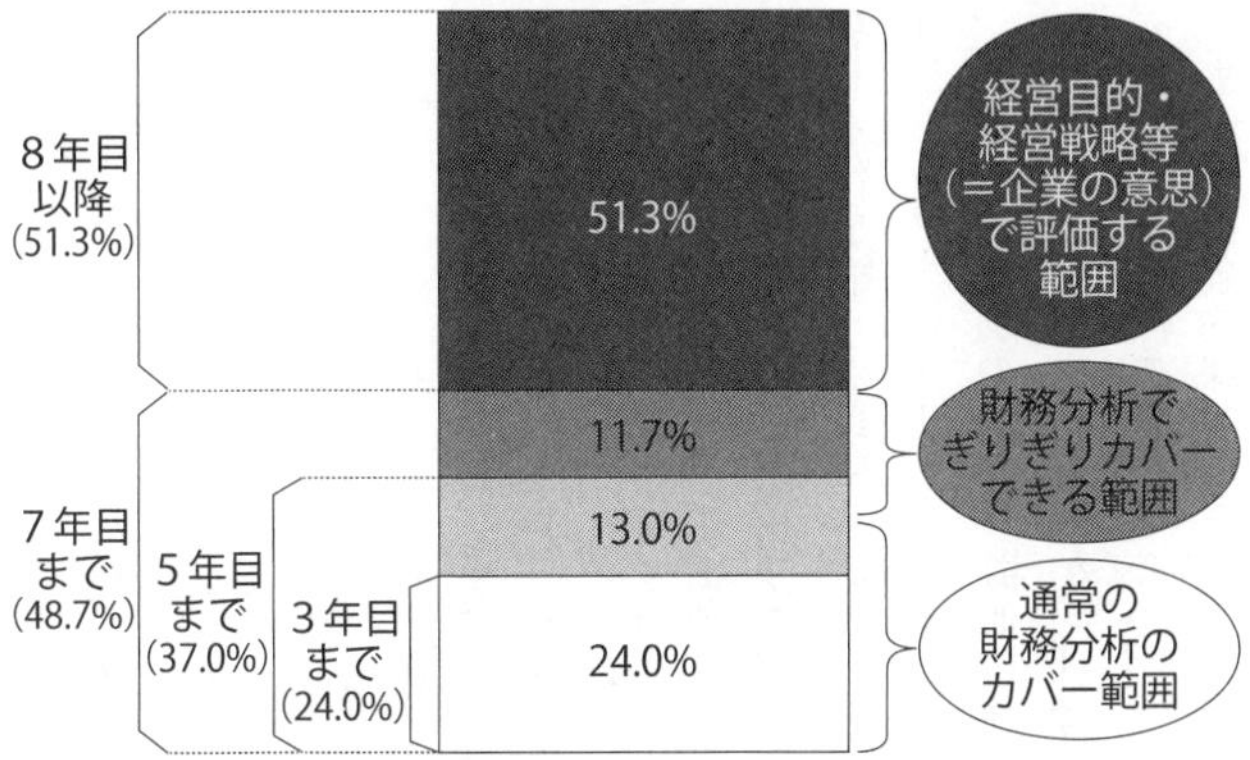

企業価値の時間軸と財務分析（資料・金融庁）

そのうえで基本的には自主的な取り組みに任せるものの、何らかの要因で外部不経済が発生する場合には、経済全体としての最適な均衡実現へ向けて促すことも必要だとした。とりわけ金融機関と顧客との「共通価値の創造」に対して、ＳＤＧｓが果たしうる役割への期待を込めている。

そこで課題となってくるのが、いかに共通価値を創造しているのか、どのようにしてＳＤＧｓへの貢献を行っているのかを明らかにすることである。お金で測ることができれば財務分析で判断がつくが、経営目標や経営戦略にかかわり、しかも未来への貢献を掲げるＳＤＧｓについては、なかなか財務分析では測れないところがある。金融庁は、企業価値の半分以上が非財務によるという資料も出している。経済産業省の「価値協創ガイダンス」にも、投資家の投資判断において、非財務情報の構成比が4分の1前後にまで拡大しているとある。

定着した計測方法がないなかで、計測を唯一のメカニズムとするSDGsがいかにこの計測方法を提供していけるかが、次なる重要課題となる。

非財務情報の計測に向けて

非財務情報の評価については、以前から、たとえばダウ・ジョーンズのサステイナビリティ・インダイスのような取り組みがある。ESG格付けもさまざまに行われており、産業別に評価項目を設定したり、異なる評価の重みづけを行ったりしている。たとえばMSCIジャパンESGセレクト・リーダーズ指数の方法論を見ると、業種ごとにカギとなる課題を特定し、そのインパクトを高、中、低という3段階で評価する。その一方でそれぞれについて短期、中期、長期を横軸にとって評価する、という具合である。あるいは、GPIFが総合型ESG指数として採用している FTSE Blossom Japan Index は、SDGsを参照して300程度の評価項目を作成し、3段階評価を行っている。その構成銘柄となるためには、FTSE ESGレイティングで3・1以上を獲得する必要があるという。

こうした個別のESG評価はすでに各種進められており、さまざまな評価機関が競って評価を行うことで、それ自体が「評価ビジネス」となっている。その一方で、どのような企業行動がSDGs貢献に資するのか、という議論はなかなか進んでいない。

また、社会的課題に対して影響を与えるようなインパクト投資やインパクト金融という考え方も注目されている。国連環境計画金融イニシアティブ（UNEP FI）の金融機関や投資家のワーキングメンバーは、2015年10月に「ポジティブ・インパクト宣言」を行って以降、2017年1月には「ポジティブ・インパクト金融原則」を、また、2018年11月にはそれを実行する際の概念的なフレームワークを不動産投資分野で発表している。これによれば、ポジティブ・インパクト金融とは「持続可能な開発の3つの側面（経済、環境、社会）のいずれかにおいて潜在的にネガティブな影響が適切に特定、緩和され、なおかつ少なくともそれらの一面でポジティブな貢献をもたらすこと」であるという。

そうしたなかで注目されるのが、2019年のEUによる「タクソノミー（分類法）」の発表である。これは、特に環境目的に関する経済活動にどのようなものがあるのかを示した分類枠組みであるが、現実には、環境目的として評価される活動を明示したリストとして注目される。気候変動の緩和、適応、水・海洋管理、循環経済と廃棄物対策・リサイクル、汚染対策、自然・生態系保全という6つの分野において、環境目的の経済活動を分類している。そしてその対象となる経済活動には、①少なくとも一つの環境目的に重要な貢献を行うもの、②他の目的に重要な害を及ぼさないもの、③経済活動を行う組織が最低限の社会的セーフガードを満たすもの、があるとしている。たとえば150人以上の専門家等とのコンサルテーションを経てつくられた気候変動緩和に関するタクソノミーを見ると、電気・ガス・蒸気・空調供給の産業では、太陽光発電や風力発電から始まり、地域冷暖房の供給、ヒートポンプの設置・運営から廃熱による温冷熱生産まで、20を超える経済活動が示されている。

日本では、『日本経済新聞』も2019年に日経「SDGs経営」の格付けを始め、「日経SDGs経営大賞」の表彰も開始した。筆者も審査委員の一人としてその選考に加わった。これは、SDGsへの対応を以下の4項目で評価し、得点化するものである（2019年の第1回のもの）。

・SDGs戦略・企業価値：方針、報告とコミュニケーション、推進体制・社内浸透、ビジネスでの貢献、業績（5指標170点）
・社会価値：人権の尊重、消費者課題への対応、社会課題への対応、労働時間・休暇、ダイバーシティ（5指標120点）
・環境価値：方針、温室効果ガス、消費電力、廃棄物、水資源、気候変動・資源・生物多様性（6指標230点）
・ガバナンス：取締役の構成・業績連動報酬の状況など（1指標90点）

最高の5つ星（偏差値70以上）を獲得したのはキリンホールディングス、コニカミノルタ、リコーの3社であった。

前述したように、xSDG・ラボでも、20を超える企業や自治体のパートナーとの協働に加え、関係省庁のオブザーバー参加のもとで、企業がどのような行動をとればSDGs達成に貢献しているといえるのかを扱った行動リストを作成した。2年近くの議論の結果として2020年春に公表した「企業のためのSDG行動リスト」は、企業全体の活動ではなく事業に焦点を当て、原材料の調達、物流、生産、販売といったサプライチェーンの各段階それぞれのSDG行動を示した。これは、企業の行動促進とともに、企業行動の評価指標として活用することもできる。(8)

SDGsに貢献したい意思があっても、何をやれば貢献できるのかがわからないという人は多い。EUタクソノミーは環境目的に特化したものであり、『日本経済新聞』の評価も項目の詳細までは公開されていない。しかし、こうした経済活動の分類の標準化が始まれば、さらにSDGs達成を目指す活動が促進されるだろう。

地方創生SDGs金融

計測の課題を含みながらも、低金利時代、そして少子高齢化時代において、SDGs金融の動きは促進されている。低金利の時代において、不安の残る定年後の資金を確実に確保しておく手段として、短期の投機的な投資よりも、長期的かつ確実で、子や孫の世界に良いものを残しておけるSDGs投資で運用を図りたいという個人投資家も増えていくであろう。ましてやポスト・コロナ時代では、社会的リスクを減らし、持続可能な事業を進めるための投資の意義はますます高まるであろう。

内閣府は地方創生の文脈で、SDGs金融に期待を寄せる。筆者自身も委員である内閣府地方創生推進事務局の「地方創生SDGs・ESG金融調査・研究会」は、2019年3月に「地方創生に向けたSDGs金融の推進のための基本的な考え方」を公表した。その後まち・ひと・しごと創生基本方針2019（2019年6月21日閣議決定）において、SDGsを原動力として地方創生に取り組む方針が策定され、「基本的な考え方」で示された方向性が盛り込まれた。こうした動きを踏まえ、内閣府地方創生推進事務局は、前記研究会を改変した「地方創生SDGs金融・調査研究会」を立ち上げ、「地方創生SDGs金融」のコンセプトを固めた。

報告書では、「持続可能な社会への変革に向けて、SDGs達成に取り組む企業の非財務的価値やESG要素等も評価し、金融市場からの資金流入等を通じて成長を支援することを、仮に『SDGs金融』と呼称する」とした。そのうえで、SDGs達成を目指して行動を続ける地域事業者や地域経済に対して、SDGs金融による資金を還流させることが地方創生につながるとして、こうした資金の流れを「地方創生SDGs金融」と定義している。

地方創生SDGs金融の目的は、地域における「自律的好循環」の形成である。過疎化や高齢化によって経済的活力が減退する地方都市において、地域の課題の将来にわたる解決をビジネスにつなげることによって、地域のなかで活力が生まれる社会を築こう、そのために金融を動かしていこうというわけである。

そのためには、地域事業者のＳＤＧｓ達成に貢献するような事業を積極的に応援していくことが必要になる。とかく短期的視点に陥りがちな収益の視野を広げ、長期的な利益や地域・地球への利益を考える事業を掘り起こし、そうした事業を応援していくのである。この視点は、とりわけポスト・コロナの経済社会の再建には欠かせない。新型コロナウイルスがこれほどまでに甚大な被害をもたらしたという事実は、行き過ぎたグローバル化や都市化への明確な警鐘だといってよい。だとすれば、被害の甚大な中小企業の支援ということを考えても、この機をとらえて地域における「自律的好循環」が生み出されるよう変革を促すことが、論理的に正しい。

そのためにＳＤＧｓは大きな力になる。ＳＤＧｓが、持続可能な取り組みをしている地域事業者や事業そのものを掘り起こすことに活用できれば、地域金融機関はそうした事業に投資をしたり資金供与をしたりしやすくなる。そして、今度は大手銀行や証券会社、あるいは機関投資家などが、地域事業者や地域金融機関を応援するようになれば、資金の還流と再投資の「自律的好循環」が生まれる。

ただし、大きな課題は、そもそもＳＤＧｓのことを知らない事業者が多いことである。内閣府地方創生推進事務局が２０１９年に行った調査結果では、地域事業者のＳＤＧｓの認知度は10％であった。これは、地域金融機関の認知度が79％だったのと好対照である。一方で、ＳＤ

Gsと関連性の高い事業を運営している割合は非常に高く、83％に上る。この結果は極めて興味深い。地域事業者は、それと知らずにSDGs「的な」事業を行っているケースが非常に多いということである。つまり、そうした事業を掘り起こし、意識的にSDGsへの貢献を行うことで、より洗練された事業へと格上げしたり、あるいは関連事業とつなげたり、スケールアップしたりすることができるポテンシャルは、極めて高いということだ。

こうして、地方自治体に求められる役割は、まずは事業の「見える化」を進めることになる。SDGsに取り組む事業者を探り出して、そうした企業を認定していくような登録・認証制度の構築である。それはどのようなものなのか、次章でより詳しく見ていくこととする。

第5章　自治体におけるＳＤＧｓの取り組みと課題

（1）ＳＤＧｓ未来都市

地方自治体による取り組みの加速

日本における自治体のＳＤＧｓへの取り組みは、世界のなかでもかなり進んだ部類に入るといえる。その多くの部分は、内閣府の地方創生の旗振りに負うところが大きい。地方創生の文脈でいくつかの政策が主導されており、それらが地方自治体のＳＤＧｓへの取り組み加速化に大きく貢献しているといえる。

そうした政策の中心に位置づけられるのが、２０１８年から始まる「ＳＤＧｓ未来都市」政策である。中長期を見通した持続可能なまちづくりを行うことで、地方創生を実現し、地域を活性化しようというのである。その推進力として期待されるのがＳＤＧｓである。ＳＤＧｓは

No.	選定年度	都市名	No.	選定年度	都市名	No.	選定年度	都市名
1	2018	北海道	32	2019	石川県小松市	63	2019	奈良県三郷町
2	2018	北海道札幌市	33	2018	石川県珠洲市	64	2019	奈良県広陵町
3	2018	北海道ニセコ町	34	2020	石川県加賀市	65	2018	奈良県十津川村
4	2018	北海道下川町	35	2018	石川県白山市	66	2019	和歌山県和歌山市
5	2019	岩手県陸前高田市	36	2020	石川県能美市	67	2019	鳥取県智頭町
6	2020	岩手県岩手町	37	2019	福井県鯖江市	68	2019	鳥取県日南町
7	2020	宮城県仙台市	38	2018	長野県	69	2018	岡山県岡山市
8	2020	宮城県石巻市	39	2020	長野県大町市	70	2020	岡山県倉敷市
9	2018	宮城県東松島市	40	2020	岐阜県	71	2018	岡山県真庭市
10	2018	秋田県仙北市	41	2018	静岡県静岡市	72	2019	岡山県西粟倉村
11	2020	山形県鶴岡市	42	2018	静岡県浜松市	73	2018	広島県
12	2018	山形県飯豊町	43	2020	静岡県富士市	74	2020	広島県東広島市
13	2019	福島県郡山市	44	2020	静岡県掛川市	75	2018	山口県宇部市
14	2018	茨城県つくば市	45	2019	愛知県	76	2018	徳島県上勝町
15	2019	栃木県宇都宮市	46	2019	愛知県名古屋市	77	2020	香川県三豊市
16	2019	群馬県みなかみ町	47	2019	愛知県豊橋市	78	2020	愛媛県松山市
17	2019	埼玉県さいたま市	48	2020	愛知県岡崎市	79	2020	高知県土佐町
18	2020	埼玉県春日部市	49	2018	愛知県豊田市	80	2018	福岡県北九州市
19	2020	東京都豊島区	50	2020	三重県	81	2019	福岡県大牟田市
20	2019	東京都日野市	51	2020	三重県いなべ市	82	2020	福岡県宗像市
21	2018	神奈川県	52	2018	三重県志摩市	83	2019	福岡県福津市
22	2018	神奈川県横浜市	53	2019	滋賀県	84	2020	長崎県対馬市
23	2019	神奈川県川崎市	54	2020	滋賀県湖南市	85	2018	長崎県壱岐市
24	2020	神奈川県相模原市	55	2019	京都府舞鶴市	86	2019	熊本県熊本市
25	2018	神奈川県鎌倉市	56	2020	京都府亀岡市	87	2020	熊本県水俣市
26	2019	神奈川県小田原市	57	2020	大阪府・大阪市	88	2018	熊本県小国町
27	2019	新潟県見附市	58	2018	大阪府堺市	89	2020	鹿児島県鹿児島市
28	2019	富山県	59	2020	大阪府豊中市	90	2019	鹿児島県大崎町
29	2018	富山県富山市	60	2020	大阪府富田林市	91	2019	鹿児島県徳之島町
30	2019	富山県南砺市	61	2020	兵庫県明石市	92	2020	沖縄県石垣市
31	2020	石川県金沢市	62	2019	奈良県生駒市	93	2019	沖縄県恩納村

SDGs未来都市・自治体SDGsモデル事業選定都市一覧（2018〜2020年度）

目標11で持続可能なまちづくりを掲げているが、それはほんの入口である。高齢化社会は健康に暮らし続ける目標3の実現があってはじめて充実したものとなる。新型コロナウイルスのパンデミック後の社会では、ますますこの側面は重要になるだろう。過疎化で交通アクセスが不十分となってはいけないので、11・2にある持続可能な輸送システムへのアクセス実現は必要条件だ。そのうえでアクセスがかなうことで目指すのは、基本的サービスを受けることだから、不平等解消の目標10や

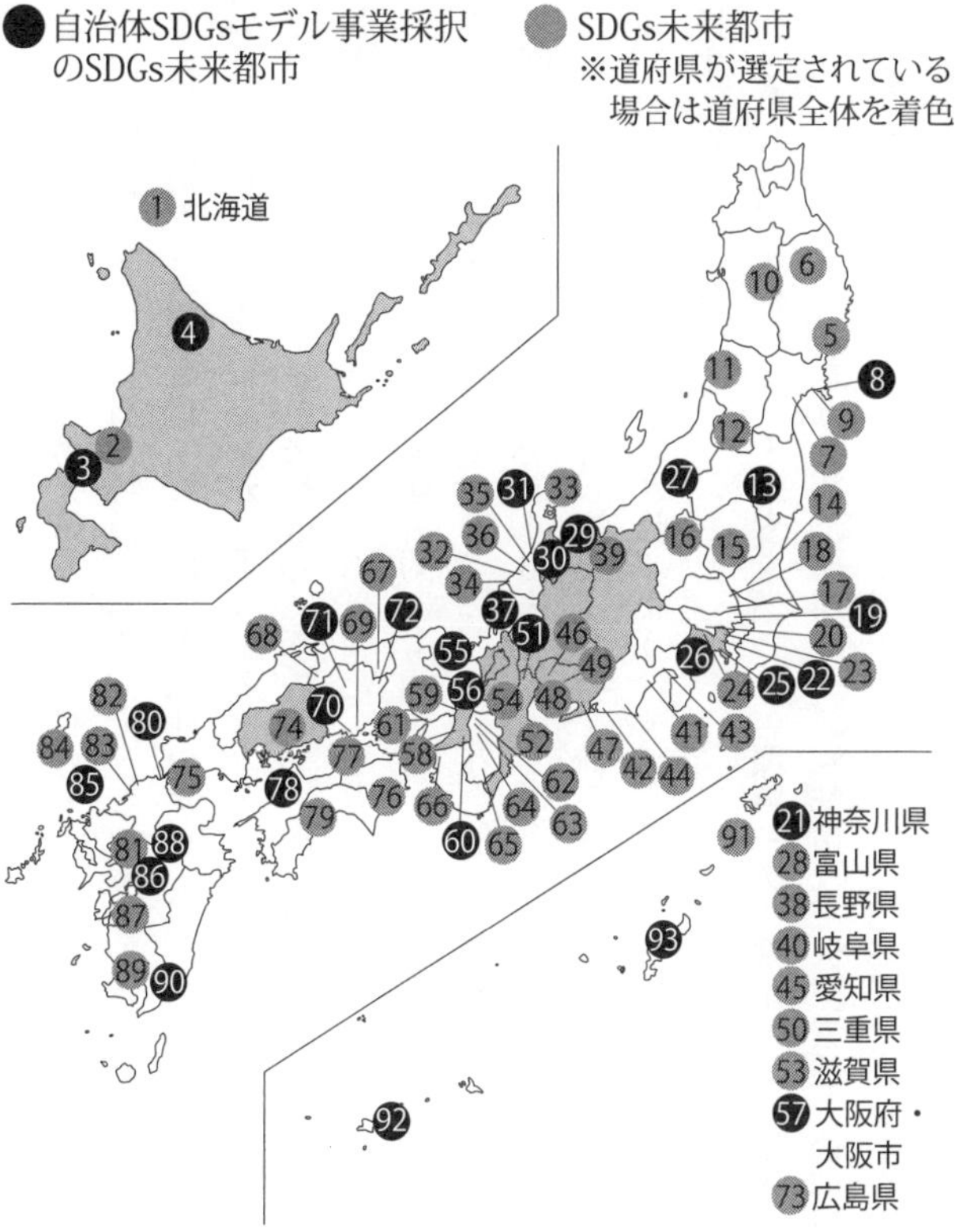

だれも排除しない制度にかかわる目標16にもつながる。都市と農村の良好な関係を築く11・aの達成も重要だが、そのためには目標7の再生可能エネルギーを媒介とした連携を組んだり、目標13の気候変動対策としてカーボンオフセットの仕組みがあったり、あるいは目標14や15にある海や陸の生態系保護でつながるケースも出てくるだろう。

目標11を実現するた

めに、さまざまなＳＤＧｓの達成を視野に入れて持続可能なまちづくりを考えることは、ＳＤＧｓとはどんなものかを考えるうえでも格好の「練習問題」となる。とりわけ、各地方にはそれぞれ独自の文化や習慣や特徴がある。そうした個別の特色を前提としながら、ＳＤＧｓという人類共通の目標を目指すことは、多様性のなかで、自由に、しかし共通の目標を達成するというＳＤＧｓの本質にかかわる取り組みとなる。

こうして、ＳＤＧｓ未来都市というスキームは、持続可能なまちづくりを実現し、地方創生を実現するという認識の下でつくられた。地方創生は、人口減少と地域経済縮小を克服することと、そして、これによって経済的にも回っていく仕組みづくりを進めることが主眼となっている。ＳＤＧｓ達成を目指すということは、社会的にも環境的にも好循環し、それによって経済も回っていくという状況を創り出そうということなので、地方創生の目的と合致する。この三つをうまく融合させ、経済、社会、環境という持続可能な開発の３つの側面が、それぞれ相乗効果を生み出しながら推進されるようなモデル都市を生み出すことが、ＳＤＧｓ未来都市の目指すところである。

ＳＤＧｓ未来都市は、それまであった「環境モデル都市」、「環境未来都市」の実質的な後継プログラムとして動きはじめた。環境モデル都市は、低炭素社会の実現に向けて先駆的チャレンジをする都市を選定したもので、２００８年度に13都市、２０１２年度に7都市、２０１３年度に３都市の計23都市が選定されている。環境未来都市はこれらの都市を中心にさらに厳選された都市が、環境、経済、社会の3側面に優れた持続可能な都市を目指すもので、そのコンセプトもその後の「ＳＤＧｓ未来都市」に通じるものがある。２０１１年12月に被災地6都市を含む11都市がこれに選定された。

こうしてできたＳＤＧｓ未来都市は、初年度には29都市が、２０１９年度の2年度目には31都市が、そして２０２０年度には33都市が選定され、２０２０年までに計93都市が選定された。各年度の選定都市のうち10都市は「自治体ＳＤＧｓモデル事業」に選定され、補助金がついてモデル事業を行うことができる。

北海道下川町の取り組み

選定された都市は、それぞれ課題を抱える。その課題克服をチャンスととらえ、これをＳＤＧｓ達成へ向けた行動として解釈しなおしながら、地方創生の起爆剤としようという例が多く見られる。

その典型的な例が、北海道上川《かみかわ》郡下川町《しもかわちょう》であろう。下川町は環境未来都市でもあったが、新たにＳＤＧｓ未来都市にも選定された。その取り組みはＳＤＧｓ達成を目指すものとして高く評価され、２０１７年に新設された第1回ジャパンＳＤＧｓアワードのＳＤＧｓ推進本部長賞も受賞した。

北海道下川町は、北海道北部に位置する人口約３３００人の町である。東京23区とほぼ同じ

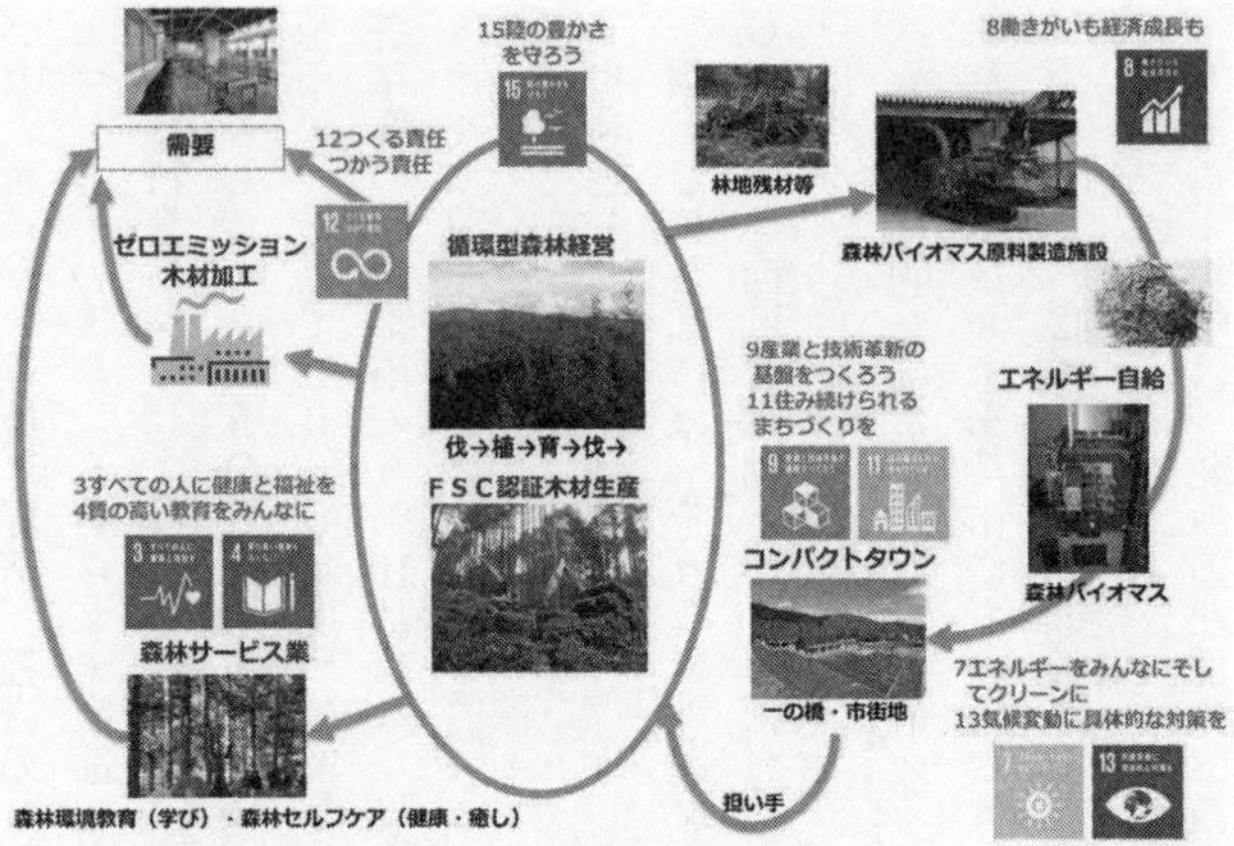

森林を軸にした下川町の取り組み（提供・下川町）

６４４平方キロメートルの約９割が森林という、農林業を主とする町である。近年は、スキージャンプのオリンピック・メダリスト葛西紀明《かさいのりあき》選手の出身地としてその名をとどろかせ、町の真ん中にスキーのジャンプ台が君臨しているのも特徴的である。

町の９割が森林ということは、裏を返せば、森林以外にはほとんど何もない町といってもよい。下川町の素晴らしい点は、そのことを正面から受け止め、森林を基軸に未来のまちづくりを推進しているところである。

たとえば、伐採→植林→育林→伐採というループで循環型の森林経営を行い、ＦＳＣ認証という国際的に見ても最も厳しいといわれる森林認証を取得している。ＦＳＣ認証を取得することで、多くの目標達成への貢献があることはすでに見たとおりだが、とりわけ15・2の持続可能な森林経営の実施促進に大きく貢献する。そうして育つ森林は、環境教育の実践の場や、森林浴やハイキングなど、健康増進の場としても整備することで、持続可能な開発のための教育に関する4・7や、健康の実現に関する目標3の達成にも貢献する。木は木材加工業にも使われ、家具製作にもつながることで経済活動を促進して雇用も生み出すことから、目標8の達成にも貢献する。出てきた端材利用を行うことで無駄もなくなって、廃棄物削減の12・5にも貢献する。さらに余った材は、森林バイオマス資源として利用することで、再生可能エネルギーの拡大を目指す7・2にも貢献する。これを使用するのは、コンパクトに居住地がまとめられた市街地である。インフラとしてのバイオマス発電所を整備することで、持続可能なインフラ整備（9・1）も行いながら、木材関連産業の担い手の生活等も支えていくというのである。また、コンパクトで持続可能なまちに滞在しながら、遠隔地でのテレワークを促進する企業の社員の受け入れを行ったりもしている。こうして人口を増やすことができれば、まちが活性化して、地方創生にもつながるというわけである。

実際、人口は減少傾向にあるものの、Iターン者、Uターン者によって転入が転出を上回る年もあり、2016年の住民税収入は6年前の2009年と比べて16・1%上昇、さらに、同年の再生可能エネルギーによる地域熱自給率は49%を達成している。

もちろん、これで完成したというわけではない。SDGs未来都市になることで、ここででき上がりつつあるモデルをさらに進化させ、補助金があってはじめて可能であったという状態から、経済的に自律・循環するモデルへと昇華していくことが、次なる課題である。そのためには、前記のモデルの規模を大きくしたり、あるいはバイオマス発電にしても事業として成立させていく必要がある。そうしたことを乗り越えられたときに、「森林を軸にSDGs達成を目指すことによって創生した小規模人口の町のモデル」が成立していくことになる。

多様な自治体におけるSDGs推進モデル発信へ向けて

小規模人口の町のモデルができたとしても、①何を軸に創生するか、②人口規模はどうか、③土地の広さはどの程度で地理的環境はどうか、といった多くの変数が存在する。こうした多様性を見ても、「わが町はこのモデルと親和性が高い」といえるモデルを多く創り出していくことが、SDGs未来都市スキームの役割でもある。これまでの選定都市だけでも、観光業、金融、健康、IT、エネルギー、海洋環境、女性活躍など、取り上げた軸も多様である。人口規模にしても、100万人を超える都市や政令指定都市もあれば、下川町のように3000人規模だったり、さらに小規模の徳島県勝浦郡《かつうらぐん》上勝町《かみかつちょう》のように1500人ほどの規模の町や村もある。面積も同様で、北海道という大きな規模から、奈良県生駒郡《いこまぐん》三郷町《さんごうちょう》の9平方キロメートル、あるいは壱岐《いき》市のような島という規模まで、多様を極める。

こうしたスキームを構築してSDGs達成へ向けたローカルレベルでの行動を促進しようという試みは、世界でも類を見ない。人口減少と高齢化社会という課題を抱え、このままの仕組みでは今後減っていく税収と、増えていく医療費等の支出のバランスが崩れていくという状況が、持続可能な地方創生の必要性を生み出しているからこそのことである。ピンチをチャンスに変えることができれば、ＳＤＧｓ未来都市が日本国内でのモデルになるばかりでなく、地方自治体によるＳＤＧｓ達成行動促進モデルとして、世界的に有力なモデルとなっていくであろう。

このことは、「コロナ後」の世界ではますます重要になるように思う。新型コロナウイルスの蔓延は、グローバル化の負の側面をあぶりだした。世界的流行によってあらゆる経済活動が世界全体で止まってしまうほどに、グローバル化は根深かった。もちろんグローバル化は悪い面だけではないが、その反省に立つとすれば、もう少し地方の個性を見つめながら、地域内で経済が回るように、グローバル化を修正する必要がある。ＳＤＧｓ未来都市は、ポスト・コロナのモデル都市という意味でも重要性を増すはずだ。

(2) 地方創生ＳＤＧｓ金融と自治体の役割

SDGs貢献事業者の「見える化」へ

ＳＤＧｓ未来都市のなかでも神奈川県などが焦点を当てているものに、ＳＤＧｓ達成へ向けた金融評価システムの導入がある。前章で触れた金融面での取り組みを自治体として支援しようというものである。社会的なインパクトを評価する仕組みを構築するという、神奈川県のような例を筆頭に、ＳＤＧｓ達成へ向けた行動推進を金融への取り組みによって行おうという考えは、地方創生の文脈でも強く打ち出されている。

ＳＤＧｓ未来都市の選定に引き続き、前章で触れたように、２０１８年に内閣府は「地方創生ＳＤＧｓ・ＥＳＧ金融調査・研究会」を立ち上げ、金融機関が官民連携を通じて地方創生に果たす役割の検討を始めた。その報告書では、ＳＤＧｓ達成に取り組む企業の非財務的価値やＥＳＧ要素等を評価し、成長を支援することを「ＳＤＧｓ金融」と定義し、また、ＳＤＧｓ金融を通じた地方創生に資する資金の流れを「地方創生ＳＤＧｓ金融」と定義した。そのうえで、中小企業が多く、まだＳＤＧｓの認知度も高くない一方で、実際にはサステイナビリティに貢献するような活動を行っていることの多い地域事業者の活動において、ＳＤＧｓへの貢献をいかに「見える化」するかが大きな課題として浮上した。逆にいえば、ＳＤＧｓへの貢献をしている行動が見え、そうした行動や事業、企業を地方自治体として効果的に支援することができれば、そのことがインセンティブとなって、地域事業者のＳＤＧｓへの意識的な貢献が一気に進む可能性も出てくる。

関東経済産業局・長野県との協働

こうした問題意識を筆者が最初に共有できたのは、経済産業省の関東地方の出先機関である、関東経済産業局の担当者であった。2017年に行われたセミナーをきっかけに、地域でSDGsの目標達成を目指すような事業者を応援していくスキームを考えていくことになった。

当時筆者はこれを「ゆるやかな認証制度」と呼んでいた。認証制度と呼べるほどしっかりとした条件や検証を行う仕組みをつくりあげるのには、時間がかかる。そもそもSDGsは自由な取り組みを推奨するものであるから、特定の行動のみを取り上げて認証したり認定したりするほど、当時は検討や研究が進んでいないという事情もあった。一方で地方自治体はさまざまな地域認証制度や地域認定制度をもっている。つまり、地域事業者は認証や認定制度へのなじみがないわけではない。こうした事情を踏まえると、条件を少しゆるやかにした認証制度的な仕組みをつくり、これによってSDGs達成へ貢献している地域事業者を見出し、応援する仕組みができないだろうか。こうした議論を進めながら、「ゆるやかな認証制度」と仮に呼称する仕組みを考えていった。

検討を進めるなかで、長野県がその導入に関心をもっているとの嬉しい情報が入ってきた。そこから、関東経済産業局、長野県、そして筆者の三者で仕組みを考えるというチャレンジが始まった。

ゆるやかな認証制度

「ゆるやかな認証制度」の骨格は、SDGsの体系をおさらいすることから始めた。SDGs

は目標の体系であることから、この認証制度でも同様に、まずは目標をつくることをスタート地点に設定した。ＳＤＧｓの目標やターゲットを参照して、自社が２０３０年に達成する目標を設定するのである。その際、17目標が全体として一つのものであるというのが、ＳＤＧｓの特徴を踏まえると、本来であれば、すべての目標に整合的な目標を設定するというのが、正しい目標設定となろう。あるいはそこまで行かずとも、すべての目標に対して、少なくともトレードオフを生じないような目標を設定する、ということが重要になる。

しかしながら、対象にしている事業者の多くは、ＳＤＧｓを知らないわけである。いきなり17目標すべてに目配りしましょう、ということになると、ハードルが一気に高くなり、関心を寄せる前に拒否反応が出てしまう恐れがある。そもそも、ＳＤＧｓそのものが論理的整合性にもとづいてできたものではなく、ある目標を目指せば、別のある目標が達成できないという側面があるのもまた、事実である。したがって、少しゆるやかに考えて、ここでは、経済、社会、環境の3側面を横断するような目標をつくる、あるいは3側面それぞれについて目標をつくるのが妥当だという結論に至った。

今一つのＳＤＧｓの大きな特徴は、進捗を「測る」ことにある。これを受け、この制度のなかでも、「測る」ことを取り入れることとした。測り方は、測り手それぞれが可能なかたちで行えばよい。画一的に指標を取り入れようとすると、実体にそぐわないことがあるし、そもそも測ること自体が難しく感じられたり、あるいはコストがかかるような場合もあるだろう。したがって、それぞれの企業が掲げた目標に合わせて、それぞれの測り方で測ればよい。ただ、「測る」こと自体は必ず行うことで、進捗状況がわかるようにすることとなった。

こうして、①SDGs達成に貢献する2030年の目標を掲げ、その目標が経済、社会、環境のそれぞれの側面に関連していること、②目標達成へ向けた取り組みを示すこと、そして③その取り組みの進捗を測ること、という目標設定に関する3点が、この認証制度の第一の要件となった。

SDGsの特徴を考えると、これがあれば十分である。ただ、SDGsは2030年の目標であることに対して、「ゆるやかな認証制度」は、2030年の目標を達成しようという事業者を今の時点で応援したいのである。2030年まで待っていては達成を応援することはできない。では、「今」の状態をどう測るのか、これが次なる課題として浮上してきた。

もとより、未来へのコミットは、ある意味だれでも宣言しようと思えばできることである。コミットして実行するのが前提ではあるものの、実行せずともコミットした「ふり」も、実際にはできる。やった「ふり」のことを指す、いわゆる「ウォッシュ」である。そうした事業者が出てきたとして、彼らを認定しては制度の意味がない。

対応としては、数年後にレビューを行い、実績を見るというやり方もあるだろう。しかし、2030年の目標を目指したときに、数年では結果が出ないこともありうる。特に、技術開発などで一気に変革を起こそうというアプローチをとるのであれば、結果が出ない「つらい時期」を伴うことはよくあることだ。また、本気で取り組んでいる場合にも、結果が出ないこともありうる。だからといって失敗を恐れて取り組まない、あるいは、失敗のない範囲で目標を立てる、ということになってしまっては、本末転倒である。やはり、大きな目標の達成を目指して動き出すことにこそ、意義がある。

2018年、東京工業大学に未来社会DESIGN機構という新しい機構ができた。文字通り、未来社会のあり方を議論し、デザインし、その実現へ向けた研究や科学技術のあり方も検討していこうというところである。同機構が2020年3月に企画した（結局新型コロナウィルス対策で未開催となったが）イベントのタイトルに「覆水別の盆」というものがある。「覆水盆に返らず」というのが通常であるが、そうではなく、水をこぼしたとしても、別の盆が拾ってくれる、という考えである。これは大変素晴らしい考えで、失敗と一般に思うことも、見方によっては失敗にはならないということである。実は世の中にはそうしたことはたくさんある。失敗を失敗と考えるよりも、それを別の発想で生かしていくことのほうが大事だ、ということである。

SDGsの目標達成を目指すうえでは、こうした「覆水別の盆」もいろいろ出てきてよい。むしろそのほうが思いがけない発見が多くあり、面白いであろうし、逆にそうでもしない限り、今の地球と人類の危機を2030年までに乗り越えることは難しいかもしれない。

少し回りくどい説明となったが、要するに、こうした取り組みをうまく汲み取っていくためには、数年後にレビューを行うことで目標に向かっているかどうかを検証し、それによってSDGs推進企業の認定を維持したり取り消したりする、という仕組みは適切ではないということである。

ではどうすればよいのか。目標設定と、それへ向けた進捗計測という第一要件に続き、我々が考えた2つ目の要件は、実績を見ることである。SDGs達成に向かっているような事業者であれば、当然やるべき事柄をいくつか取り上げ、その実績を説明してもらうのがよいということになった。それは、財務情報というよりも非財務情報である。ESG投資に取り込まれているような項目も視野に入れながら、地域に即した項目を考えていった。

つまり、要件①は普遍的な事項であるが、要件②に関しては、長野県らしさも出てくるであろうことから、長野県の担当者がここでは力を発揮することとなった。

こうして長野県の制度には、SDGsの観点で、市場や社会に期待される非財務情報が、人権・労働、環境、公正な事業環境、製品・サービス、社会貢献・地域貢献、組織体制といったカテゴリーで40項目程度挙げられた。そして各項目について、基本的に充足すべき項目と、できれば充足していることが望ましいチャレンジ項目とに分類された。

こうして、要件①と要件②を申請書に記載し、認定される制度ができ上がった。2019年初頭に発表された制度は「地域SDGs推進企業応援制度」と名付けられた。「ゆるやかな認証制度」となると、あいまいさも残り、また「認証」か「認定」か「登録」かの認識もあいまいになることから、出発時点では「応援」と名付けられ、後に「登録」制度と定められた。

制度は2019年度から開始され、2020年1月現在で232社の登録があった。認定された企業には、さまざまなメリットが得られるような出口戦略が考えられている。たとえば大企業とのマッチングや交流会、勉強会等の実施、PRのサポート、学生向けの企業紹介、関連施策の情報提供から始まり、目標達成へ向けた支援や公共調達の際の優遇等である。2019年には普及推進として3つの官民連携プロジェクトが実施され、また、SDGsビジネスモデル普及事業として、県が経費の一部を補助した製品・役務の販路開拓事業が5つ支援されている。これらに加え、八十二《はちじゅうに》銀行が「地方創生・SDGs応援私募債（企業応援型）」の利用要件のなかに「長野県SDGs推進企業登録制度」登録企業を入れるなど、地域金融機関などによる低利融資制度の検討も始まっている。

制度の他自治体への展開へ向けて

関東経済産業局と長野県とでつくりあげた制度は、世界でも最も先進的な制度だと自負している。その後内閣府は、こうした制度を地方創生SDGs金融推進の方策として他の自治体でも展開していくことを掲げ、2020年はじめ時点で、いくつかの自治体で導入の検討が始まっている。国際的には、国連開発計画も、SDGsを推進する企業を認定するSDGインパクトというスキームを考えている。こうした制度が相互に学習し、先進事例から学びあって良いところを伸ばし、悪いところを直して進化することで、制度的な新境地も見えるだろう。

静岡県は似たようなスキームとして、「ＳＤＧｓ宣言」企業をつのる。静清信用金庫《せいしん》は、宣言した地元中小企業に対して「ＳＤＧｓサポートローン」として、ＳＤＧｓ達成に向けた取り組みに必要な設備資金・運転資金の融資を展開している。こうした取り組みが広がることで、地方創生ＳＤＧｓ金融の具体的なかたちが見えてくるであろう。

（３）自治体におけるＳＤＧｓの機会と課題

「だれ一人取り残されない」ための地方公共団体の役割

ここまで内閣府の地方創生推進事務局のイニシアティブを中心に、自治体の取り組みの現状を見てきた。ＳＤＧｓ未来都市や地方創生ＳＤＧｓ金融、それに地方自治体によるＳＤＧｓ推進事業者の認定などは、いずれも世界的に見ても先進的取り組みであり、素晴らしい。地方を元気にし、何とか活気を取り戻そうというのは、大事なことである。しかし批判的に見るのであれば、公共団体としてはまだ足りない部分がある。それは、「だれ一人取り残されない」という理念に沿った取り組みである。地方公共団体の原点に返れば、まず取り組むべきは、取り残された人のいない社会をつくることである。ＳＤＧｓはその理念を体現している。

日本に広がる相対的貧困や子どもの貧困、そして高齢者の貧困を解消するための具体的目標をもっている自治体はどれほどあるだろうか。障がい者や外国人労働者、山間部に住んでいる人たちなど、取り残されがちな人たちに対して、都市部の住民と同じような交通アクセスや、医療アクセスを完全に提供できているだろうか。できていないとしたら、アクセスの完全提供へ向けた目標は掲げられているだろうか。

企業は、社会課題の解決を図ったり、未来のより良い姿を描きながらも、自社の利益追求も同時達成する必要から、どうしても取り残される人々に目が配りきれない。しかし、自治体はそうではない。SDGsへの取り組みとして、取り残されがちな人々に目を振り向けることは、公共団体の使命でもある。

これは、資金面でもいえる。前節で扱ったようなSDGs金融は確かに重要であり、社会の変革を金融で促すことは大事だ。しかしそれと同様に、公的資金を取り残されがちな人々へと再配分することも、SDGs達成を目指すうえでは、決して忘れてはならない。

2019年に改定された「SDGs実施指針」への提言をまとめるステークホルダー会議の際に、ある地方の市議からこんなことが報告された。NGOやNPOでボランティアとして貧困対策を行ったり、地域の課題解決に立ち上がっている人たちは、清掃作業を行う場所に行くための交通費や、そこで疲れたときに飲んだり、会合の際に出すお茶代さえ支給されないというのだ。結果として、善意の個人支出に頼るような活動が後を絶たない。そうした活動に対して、1万円でも2万円でも支出することが、社会を元気にし、やりがいや住みがいのあるまち

あなたはSDGsという言葉を聞いたことがありますか（認知度推移）

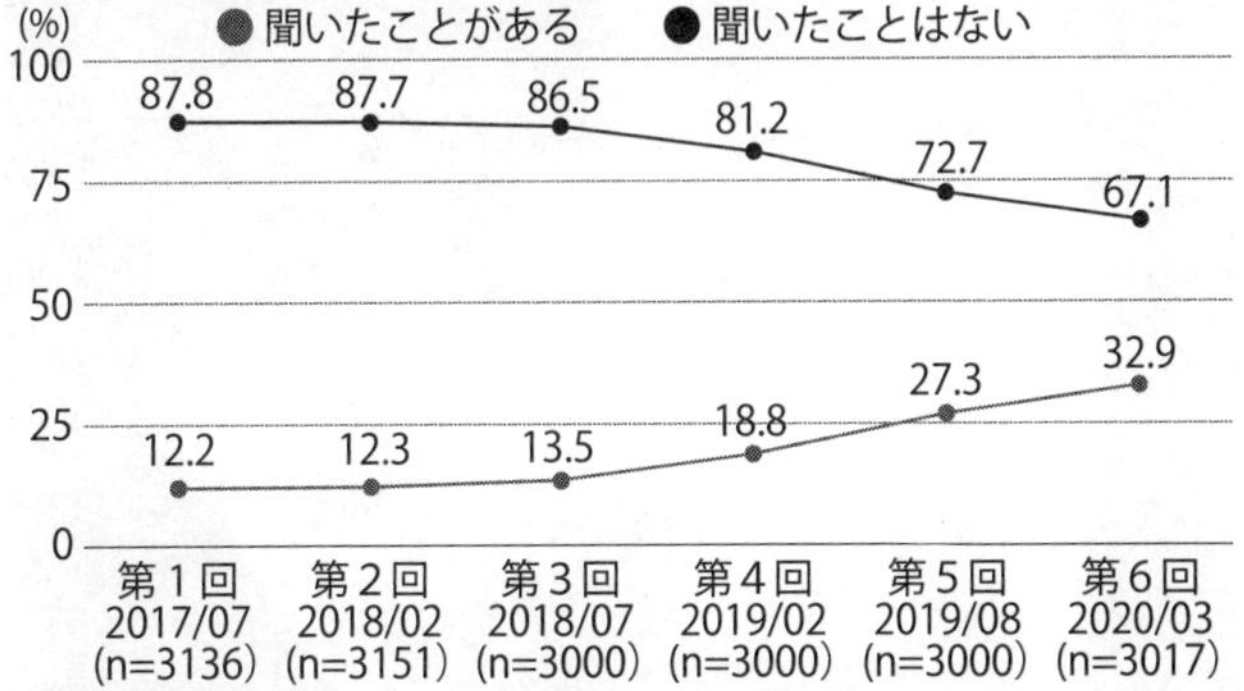

『朝日新聞』認知度調査の結果（https://miraimedia.asahi.com/sdgs_survey06/）

をつくることにつながる。こうした活動に対して機動的に使える資金を用意することもまた、だれ一人取り残されないための自治体の役割だといえよう。

ＳＤＧｓの理念に沿った活動を基本にしながら、自治体でのＳＤＧｓへの取り組みを進めることが求められている。本章の最後に、自治体のＳＤＧｓへの取り組みにはどのようなものがあるのか、これまで出てきたものを含め、整理してみたい。

認知度向上へ向けた広報

『朝日新聞』が毎年行っているＳＤＧｓの認知度調査では、２０２０年３月に「ＳＤＧｓという言葉を聞いたことがある」という割合は、前年２月の18・8％から32・9％に増加した（東京・神奈川に住む３０００人）。１年で14％程度認知度が向上したというのは、急速な関心の高まりをうかがわせるとともに、各主体の認知度向上の取り組みが加速してい

鯖江市の SDGs ピンバッジ（提供・鯖江市）

ることも読み取れる。

地方自治体の役割の一つも、認知度を向上させることにある。関東経済産業局と長野県の「登録制度」にしても、ＳＤＧｓに貢献する活動を「見える化」することの前提となるのは、まずＳＤＧｓとはどのようなものかを知ってもらい、そのメリットをわかってもらうことにある。こうしたことから、各自治体はＳＤＧｓに関するセミナーやシンポジウムを積極的に開催している。あるいは、ワークショップを開いたり、カードゲームを実施することで、楽しくＳＤＧｓを理解してもらうという取り組みをしている自治体もある。さらにはポスターや幟《のぼり》をつくったり、あるいは広報誌への掲載を行うところもある。ＳＤＧｓのカラフルな17色のアイコンは、こうしたときに目を引くことに貢献している。自治体によっては、独自のバッジを作製しているところもある。間伐材を利用したバッジを作製したり、ユニークなものになると、眼鏡で有名な福井県鯖江《さばえ》市のように、眼鏡のかたちのSDGsバッジを作製するところなども出てきている。

ユニークな取り組みをする自治体も出てきた。

たとえば第1期のSDGs未来都市の一つである静岡市は、市民のSDGsの認知度50%達成を目標に普及啓発活動を行う。2017年11月の市政モニター調査ではSDGsを「知っている」という割合が11%であったから、これはかなり大胆な目標である。

まずは「まちづくりセッション」として3ヵ月で11回のタウンミーティングを開催し、そのなかでSDGsが市政の核となっていることに触れたり、官民連携での講座を開催したり、あるいは学校や企業への出前講座などを開催した。また、SDGsを説明したボードや幟などの貸し出しを行うことで、SDGsの露出を高める。さらにはノベルティーグッズの配布を行ったり、地元テレビ局とタイアップした活動や広報誌への掲載を行うなど、あらゆる機会を通じた普及活動を行っている。そうしたなかで特筆すべきは、2019年、2020年と2年連続で行っている「SDGsウィーク」の開催である。1月に、成人式をはじめ、フォトコンテストや展示など、多様なイベントを集中的に開催し、また市立図書館でもSDGs特集の展示を行ったりしながら、機運を高めている。目玉は、ファッションイベント・TGC（東京ガールズコレクション）との連携である。

TGC自体が、地元で買えるファッションをモデルが着ることで、若者の関心を高めようという問題意識から、地方自治体との連携によって、地方でのイベント開催を増やしている。そこに目をつけたコラボレーションが、「TGC for SDGs in 静岡の開催を導いた。1年目は実験的な意味合いもあり、広報的な活動に終始した感があったが、2年目になると、衣服のリサイクルイベントや、サステイナブルな素材を活用したファッション、地元産の衣料の活用など、実体を伴う普及啓発活動へと進化を遂げている。若者のあこがれの的となるようなファッションモデルたちが、おしゃれにSDGsを発信し、それが広がっていくならば、広報活動としては成功を収めたといえる。

地域事業者の応援・認定

関東経済産業局と長野県の「登録制度」や静岡市の「SDGs宣言制度」に代表されるような、SDGs推進企業を明示し、これを認定するという取り組みも、広報と並んでSDGsの認知を高め、取り組みを「見える化」するために自治体が担うべき役割である。

これにはいくつかの段階があるように思う。最初の段階は、宣言を行うことである。これは自らのやる気があれば可能であるが、これを制度とするためには、何をどう宣言するのかを決めておく必要がある。たとえば、一つの目標へのコミットでいいのか、複数の目標にコミットする必要があるのか、あるいは、ポジティブな影響を与える目標とともに、ネガティブな影響を与えそうな目標についてもそれを緩和する措置を宣言に入れる必要があるのか、といったことを決めておく必要がある。自己評価によって登録する制度である。

第2段階は、登録するだけでなく、その内容を第三者が認定したり認証したりするものである。たとえば第4章で触れたSBTは、産業革命前と比べて気温上昇を2℃以内に抑えるという、気候変動に関する科学的情報と整合するような、2030年あたりの目標の申請を企業から受けた後、これと整合的であれば認定している。こうしたことを自治体が申請企業に対して行うものが、認定・認証制度である。運営のコストや知見も必要になるが、認定された企業はSDGs達成へ向けてより確度の高い取り組みをしていると胸を張れることになる。そうなると、支援の仕方もより強固になっていくであろう。

前述した内閣府の地方創生SDGs金融調査・研究会では、こうした認証制度を「認証α」と呼んでいる。認証αのなかで、さらに優れた取り組みを行い、そのことが実績として現れた企業には、第3段階として「認証β」を認めることで、優良事例を生み出していく。段階が上がれば上がるほどより良い条件やより低利の融資が受けられるなど、メリットも多くなる仕組みが想定されている。

モデル事業の提示とネットワーキング

SDGs未来都市で目指していることや、認証βをつくることで企業の取り組みを推進する目的は、モデルとなる事業を創り出すことにある。最初は補助金や支援が必要になる場合もある。しかし、それが市場ベースに乗ってくれば、次第に自立して、独立した事業として成り立つ。モデルづくりは、ＳＤＧｓ達成に貢献することで事業が成り立つことを示し、その魅力を説得力を伴って伝えるためにも重要な役割を果たす。自由なやり方ができるＳＤＧｓへ向けた取り組みのなかで、各種アワードと同様、「こうすればよい」という例を示すわけである。そのためには、グローバルな目標を目安としつつも、足元の特徴をとらえ、一見かけ離れた両者を結びつけていく工夫が必要である。そして研究する立場にあるものは、成功例がたまってきたときに、そこから帰納的に成功のエッセンスを抽出することが大事になる。

モデル事業を創り出す過程では、今までとは異なるステークホルダーとのコラボレーションの発掘が重要だ。モデルができ上がったら、今度はモデルをスケールアップして市場に乗せていくなど、規模を拡大していく段階に入る。そのときに有効なのが、連携先を見出すマッチング機能や、マッチングのためのプラットフォームである。

地方創生官民連携プラットフォームは、そうしたものの一つである。筆者も幹事を務めるこのプラットフォームには、２０２０年５月現在で自治体が５６０団体、関係省庁が13団体、民間企業を含む民間団体等が８７２団体の合計１４４５団体が登録し、毎年１回の全体会合のほか、課題別の分科会を自律的に運営して連携を図っている。関西には関西ＳＤＧｓプラットフォームという独自の取り組みがある。こうしたプラットフォームを自治体がつくったり支援したりしていくことも重要だ。たとえば神奈川県では「かながわＳＤＧｓパートナー」制度をつくり、登録事業者間のネットワーク構築や交流会を開催している。

ＳＤＧｓ達成へ向けた地域の交流拠点をつくることも、いくつかの自治体がＳＤＧｓ未来都市のモデル事業などとして始めている。廃校になった校舎を利用したり、拠点自体を地元産材を利用して建築したりすることで、ＳＤＧｓに関する意識啓発やモデル事業を兼ねて進める自治体も見られはじめている。

総合計画づくり

自治体がＳＤＧｓに関心をもつのは、総合計画を策定するタイミングがきっかけになっているケースが多い。10年単位の基本構想、これにもとづく5年程度の基本計画、そして実施計画といったものをまとめた「総合計画」を改定するタイミングで、ＳＤＧｓへの貢献を取り入れるのである。ＳＤＧｓの位置づけは、それを中核に据えるものから、とりあえず関連しそうな活動をＳＤＧｓと紐づけるにとどめるものまで、濃淡がある。企業の報告書や経営戦略の場合と似ているところがある。また、自治体全体の総合計画への取り入れを行うところもあれば、環境基本計画のような分野別の計画に取り入れるところもある。筆者が会長を務める豊島《としま》区環境審議会では、環境基本計画にＳＤＧｓへの貢献という考え方を取り入れている。

総合計画自体がＳＤＧｓ達成を目指すものとするためには、17目標と169ターゲットが、自治体の文脈でどのような目標となるのかを考える必要がある。目標11にある公共交通機関の拡大で持続可能な輸送システムへのアクセスを普遍的に提供する（11・2）ことや、参加型のまちづくり（11・3）、あるいは貧困層や脆弱な立場の人々の保護に焦点を当てながら、災害被災者をなくすまちづくりを行うこと（11・5）などは、計画のなかでもダイレクトに反映できることだろう。SDGsから基本構想、そして基本計画、実施計画といった目標と計画が直線的につながれば、真にグローバル・スタンダードにのっとった総合計画ができ上がる。大事なのは、目標からスタートする視点である。目先の利害関係を超えたところに視点を置くことで、はじめて可能になることがある。

計画ができれば、次のステップとしてその実現の方策へと進むことができる。そうなると、方策のなかには、必要に応じて条例を定めることも含まれてくるだろう。SDGs実現、あるいは持続可能なまち実現へ向けた基本条例を定めることなども、その前提として、欲しいところだ。

仕組みづくり

SDGs達成のための施策には、タテ割りになりがちな従来の仕組みを横断的にとらえたり、プロジェクトベースでとらえたりすることが求められる。仕組みや組織の改革である。神奈川県のように、まず担当理事を知事直属のようなハイレベルのポジションとして設置し、それを起点として事業を推進することも一案だ。その際には、予算措置がとれるような仕組みとすることが重要である。国よりも小回りが利く分、自治体のほうがＳＤＧｓ達成のためにより良い仕組みをより早くつくることも可能であろう。力の入れ方が試されるところだ。

仕組みというと行政内部の仕組みを想像しがちであるが、ここでの仕組みは、官民連携、パートナーシップでの実施も重要だ。企業との連携や、ＮＧＯ、ＮＰＯとの連携は、長所や短所の補完という意味でも有効だし、費用対効果を高めることにもつながる。それぞれの活動目的に合ったことをするのであれば、余分なコストはかからない。ボランティアとの連携なども、目標を共有したうえで進められれば、お互いにとって良い状況を創り出しうる。目標ベースのＳＤＧｓは、そうしたところでも使いやすいツールとなるであろう。

取り組みが始まれば、次に大事になるのは、「測る」ことである。

内閣府の自治体ＳＤＧｓ推進評価・調査検討会は、２０１９年に「地方創生ＳＤＧｓローカル指標リスト」を公表した。国連がＳＤＧｓの進捗を測るために設定したグローバル指標を自治体の文脈で指標化したものであり、２３２の指標について、自治体で取ることのできる統計データにもとづいた「翻訳」を行ったものである。(1) すべての指標が日本においてローカル化できるわけではないものの、一つの基準となる指標群がそこには示されている。いわば、共通指標といってもよいものである。

ただ、総合計画や、その他の自治体の計画を見たときに、この指標だけで、適切に施策の進捗を測ることができるとは限らない。むしろ、そうでないもののほうが多くなるであろう。そのため、自治体には、それぞれの状況や計画により即した「独自指標」を設定することが求められることになる。SDGsの側から見ていくと、SDGs達成に資するような施策についての「独自指標」を集積することができれば、日本独自のローカル指標集ができるであろうし、それらは他の自治体の指標設定の参考にもなるであろう。大事なのは、時系列を追って進捗がわかることである。

国際的発信と連携

SDGsができた当初から関心をもつ自治体のなかには、国際的に活躍している自治体や、国際的な情報発信に関心をもつ自治体が含まれている。北九州《きたきゅうしゅう》市や神奈川県などである。もともとJICA(国際協力機構)等国際援助機関との連携も盛んで、公害を克服して環境先進都市となった北九州市はそのような例である。従来から都市間国際協力の実績を重ねているが、SDGsは世界共通の言語であることから、さらに連携が進めやすくなる。従来は環境面中心であった連携が、ジェンダーやまちづくり、貧困対策といったように、課題面でも広がりをもちやすくなる。

こうしたSDGsのメリット享受から、さらに好事例を積み上げることで、国連を中心とする国際機関での存在感を高めたり、国際機関との連携が始まったり、強化されたりする。

国連はSDGsの達成へ向けた進捗状況をレビューするために国別の自主的レビュー(VN

R：Voluntary National Review）を毎年行っているが、近年はそれに加えて自治体が自主的レビューを行うVLR（Voluntary Local Review）が、ニューヨーク市などのリーダーシップのもとで始まっている。自治体レベルでの取り組みを発信することで、まちとしての存在感が世界的にも増し、他都市をはじめ、さまざまなステークホルダーとの連携の機会も増えていく。たとえば静岡市は、2018年にLocal 2030 Hubとして、国連のSDGsローカル化のハブ都市に選ばれている。神奈川県は国連開発計画（UNDP）との連携を強化し、2019年のアフリカ開発会議（TICAD：Tokyo International Conference on African Development）開催に際して連携趣意書を結び、今後さまざまな活動を協働で実施するという。

SDGsは自治体による国際協力のための有効なツールにもなっている。

ボトムアップと独自性を生かす発想

自治体におけるSDGs達成へ向けた活動は、これ以外にもまだ考えられる。自治体の数だけ、その土地土地のやり方や文化、習慣等に根付いた目標達成の方法がある。大事なのは、独自性を生かしながら、工夫を凝らした方策を考えていくことである。柔軟な発想が求められるのがSDGsである。

2019年には中高生を対象とした「SDGsまちづくりアイデアコンテスト」が実施された。地方創生へ向けて、中高生がアイディアを競うコンテストだが、全国から190ほどの応募があり、柔軟かつ核心をつく多くのアイディアが提出された。最優秀賞を獲得したのは、熊本県八代《やつしろ》郡氷川町《ひかわちょう》で耕作放棄地の解消を行うために、すでに会社を立ち上げた子どもたちであった。「新・ムーンライト伝説」と名付けたそのアイディアは、夏に日が落ちた後の涼しい環境で、耕作放棄地を利用していろいろな人が集まって農業をするというものである。高齢者は暑い盛りに農作業をすることによる健康リスクを避けることができる。若者は、月夜のもとで何かを行うことでワクワクする。両者の交流は新たな活気を生み出す。しかもそれが耕作放棄地であれば、土地の有効利用にもなる。

未来に実現することをSDGsから抽出し、足元に何があるかを見ながら進んでいく。こうしたアイディアを生かしていくことが、地域に活力を与えていく。そのスケールを上げるために、SDGsの活用が役に立つ。

第6章　皆の目標としてのＳＤＧｓへ

（1）国連の取り組み

「ハイレベル政治フォーラム」の開催

第4章、第5章と、ＳＤＧｓ達成へ向けた推進力となっている企業や自治体の行動に焦点を当ててきた。ＳＤＧｓ達成へ向けた取り組みは、しかし、これにとどまらない。そもそも国連で決めた世界の目標に対して、国連は何をしているのか、あるいは政府は何をしているのか。この章ではこうしたさまざまな取り組みを概観し、ＳＤＧｓが皆の目標になりうるのかどうかを見ていきたい。

ＳＤＧｓが中核をなす「持続可能な開発のための2030アジェンダ」は、世界レベルの進捗を見る場として、「ハイレベル政治フォーラム（ＨＬＰＦ）」があるとしている。これは、2

012年に行われた「国連持続可能な開発会議」（通称リオ＋20）で設置が決められた仕組みである。それまで国連のなかで持続可能な開発の課題を中心的に扱っていた、経済社会理事会の下の「持続可能な開発委員会（CSD）」が改編されてできたものである。

CSDは経済社会理事会の下にいくつかある委員会のうちの一つであり、それほど大きな権威をもたなかった。したがって、CSDでの議論は他のさまざまな関連フォーラムでの議論の焼き直しに終わり、実質的な政策協調や国際協力を推進するような新しい議論が行われる場とはなっていない、という批判を受けての改編であった。

CSD自体は1992年の地球サミットの進捗を見るための仕組みとしてできたものであり、その後の持続可能な開発の諸課題の解決へ向けたレビューを行うことになっていた。しかし、扱う課題の多さと重大さに比べて機能が不十分であるという批判が多くあり、首脳級はおろか、閣僚級の参加もままならない仕組みとなっていた。たとえば、持続可能な開発には気候変動の問題や生物多様性の問題も含まれるが、いずれも別途条約や条約の事務局があり、実質的に課題解決を行うための議論はそちらで行われる。CSDは形骸《けいがい》化し、焼き直しの議論を行う場と化していったのであった。

こうした反省があったため、HLPFはあえて「ハイレベル」での開催を前面に打ち出し、4年に1度は、国連の最高機関である国連総会の下で開催されることとした。4年に1度というサイクルを入れることで、通常の経済社会理事会の下でのHLPF開催も、議論の質が変わることを期待してのことだった。

その最初のサイクルが訪れたのが２０１９年である。この年は、例年に倣って7月に行われるＨＬＰＦと、国連総会の下で9月に行われる首脳級のＨＬＰＦ（ＳＤＧｓサミット）の２回にわたってＨＬＰＦが開催された。それまではスタートアップの4年であったが、その後の10年は「行動の10年」だという宣言がこの年の国連総会でまとめられ、政治的な推進力が加えられたのは大きな意義があった。

通常のＨＬＰＦは例年7月に2週間程度の期間で実施されている。２０１９年までは毎年目標を絞ったテーマが決められ、たとえば２０１７年は目標1、2、3、5、9、14、17、２０１８年は目標6、7、11、12、15、17、２０１９年は目標4、8、10、13、16、17といったように、重点的にレビューされていった。重点テーマに入ることは、従来は個別に話し合われた課題が、ＳＤＧｓの17目標を構成する一つの目標という文脈で再検討されることを意味する。たとえば２０１７年のテーマの一つ目標14に関しては、同年6月に国連海洋会議が開催された。それ自体、このテーマでの国連最初の会議だったという意義もあるが、それ以上に、ＳＤＧｓの文脈で課題が取り上げられるということは、他の16目標との関連で当該課題がとらえられることも意味する。つまり、海洋プラスチック汚染問題が、健康や、消費と生産や、気候変動の文脈でとらえられることを意味する。各課題にはそれぞれ異なるステークホルダーが控えていることから、関係するステークホルダーも大幅に増える。そうなると、海洋プラスチック汚染を多角的課題としてとらえることにもつながり、結果として、社会的課題としてのプラスチック利活用の問題を正面から取り上げることにつながる。この年を機に、プラスチック問題は大きなうねりとなり、G7やG20をはじめ、企業でも優先的に取り上げる課題となっていった。

国やステークホルダーの情報交換の場

HLPFでは、このほかに国別自主的レビュー（VNR）によって、いくつかの国が自国の行動を自主的に報告する。2017年には43ヵ国、2018年には47ヵ国、2019年には47ヵ国、そして2020年は3月現在で51ヵ国の発表が予定され、その年のレビュー全体を俯瞰《ふかん》した報告書も提出される。

日本は2017年にVNRを行った。それまでの取り組みをまとめて短時間で発表したものであるが、当時YouTubeなどで日本に限らず人気を博していたピコ太郎のギャグになぞらえ、PPAP（Public Private Action for Partnership）というテーマで発表した。あるものと別のものを掛け合わせることで、新たなものが生み出される、というピコ太郎のギャグ自体が、SDGsの発想に親和性があるととらえ、このテーマになっていった。このユニークなアプローチは、それなりの評判を得たのではないかと、筆者は会場にいて感じた。

アジア地域では、タイに本部のある国連アジア太平洋経済社会委員会（UNESCAP）が毎年3月に「持続可能な開発に関するアジア太平洋フォーラム」を開催し、これをHLPFにつなげていこうという動きもある。

また、毎年春にはドイツのボンにおいて、「SDGグローバル・フェスティバル・オブ・アクション」が開催されており、ここにも多くのステークホルダーが参加する。HLPFでも政府間会合の横で多くのサイドイベントが開催され、関係者が多く集まるが、こちらはそのサイドイベント部分を切り取ってヨーロッパで開催する、というようなイメージである。SDGs達成へ向けた行動は、国以外のステークホルダーがリーダーシップを発揮している感がある。その意味では、こうした「サイドイベント」による情報交換や、優良事例を学ぶ機会こそが、SDGsの実現へ向けた実質的なインパクトを強くもっているのではないかと思う。国連では、TED（Technology Entertainment Design）のようなプレゼンテーションも試行的に行った。こういった情報交換や優良事例を学習する機能を整理し、必要に応じてまとめたり、新たなかたちにしていくことが、今後重要になる。

(2)　日本政府の取り組み

SDGs推進本部の設置

SDGsができた翌年2016年のG7会合は、日本で開催された伊勢志摩《いせしま》サミットだった。SDGsができてから最初のG7会合では、当然SDGsが話題に上ることが予想される。こうしたなか、2016年5月、日本政府はSDGs推進本部（以下推進本部）を設置した。総理大臣を本部長、全閣僚が構成員となり、関係省庁の連絡会議体として、局長級のSDGs推進本部幹事会も同時に設置された。また、推進本部の下に、行政、NGO・NPO、有識者、民間セクター、国際機関、各種団体等の関係者により意見交換を行うSDGs推進円卓会議（以下円卓会議）も併せて設置された。事務局は内閣官房に設置されることとなっているが、実質的には、国際交渉時から中心的役割を担う外務省が、その機能を担っている。

こうした制度的な枠組みができた後、基本的には年2回、円卓会議で意見交換を行い、その後推進本部でさまざまな決定が行われるというかたちが整った。

その最初の大仕事は、2016年年末の「SDGs実施指針」の策定である。

実施指針は、主要原則として以下の5点を掲げる。

・国内実施と国際協力の双方に力点を置く普遍性
・脆弱な立場に置かれた人々に焦点を当て、また男女別データの把握をはじめとしたジェンダー視点の主流化を図り「だれ一人取り残されない」世界を実現するための包摂性
・あらゆるステークホルダーや当事者の参加を重視する参画型
・経済、社会、環境の課題相互関連性や相乗効果を重視しながら統合的に課題解決を行う統合性

・透明性と説明責任の確保

そのうえで、「2030アジェンダ」が掲げる5つのPと関連付けながら、日本が取り組むべき優先課題を以下のように8つ掲げた。

(People　人間)
1　あらゆる人々の活躍の推進
2　健康・長寿の達成
(Prosperity　繁栄)
3　成長市場の創出、地域活性化、科学技術イノベーション
4　持続可能で強靭な国土と質の高いインフラの整備
(Planet　地球)
5　省・再生可能エネルギー、気候変動対策、循環型社会
6　生物多様性、森林、海洋等の環境の保全
(Peace　平和)
7　平和と安全・安心社会の実現
(Partnership　パートナーシップ)

8　ＳＤＧｓ実施推進の体制と手段

その他、推進本部が司令塔の役割を果たしながら、モニタリングや、フォローアップやレビューを行ったり、協働・連携を進めたり、広報・普及啓発活動を行ったりすることの重要性が書き込まれている。また、事項に応じて、関係するステークホルダーとの意見交換や連携のための場の設置を検討するとした。そのうえで付表を作成し、そのなかに各省で関連する施策リストを掲げた。

ただし、ＳＤＧｓは包括的に課題を取り上げているため、こうなると、リストは総花的で、関連施策の羅列に終わっているとの批判もあった。実際にどうやって施策間の整合性を保ったり、不整合な部分を整理していくのかという点までは、実施指針で触れることはなかった。

こうして始まった日本政府のＳＤＧｓへの対応であるが、翌年からは毎年２つのことが推進本部によって発表されることになる。１つは「ジャパンＳＤＧｓアワード」の発表であり、今１つは翌年へ向けた「アクションプラン」の提示である。

ジャパンSDGsアワード

ＳＤＧｓはルールのない自由な取り組みによって目指すものであるから、良い取り組みをしたものを表彰する制度をつくって、それを他の主体が見習えるようにしよう。こうした主張は、円卓会議の初期の段階から出ていた意見であった。これを実現すべく、2017年には「ジャパンSDGsアワード」が創設され、以後毎年年末にアワード受賞団体が発表されている。評価基準は、実施指針に掲げられている主要原則の5つの観点、すなわち、①普遍性、②包摂性、③参画型、④統合性、⑤透明性と説明責任である。

第1回のSDGs推進本部長賞（内閣総理大臣賞）を受賞したのは、第5章でも紹介した北海道下川町である。表彰はこのほか、SDGs推進副本部長賞として、内閣官房長官賞と外務大臣賞の2つが設定され、その他に特別賞としてSDGsパートナーシップ賞が与えられた。実際には、受賞団体は、町や企業としての受賞というよりも、特定の事業やプロジェクトが表彰されている。もちろん小さな町や中小企業では、事業自体が活動の大半を占めるということもある。しかし企業評価のところでも触れたように、SDGsへの取り組みは企業や自治体という主体単位というよりも、事業単位のほうが親和性がある。企業や自治体を単位としてしまうと、どうしても現状ではSDGs達成推進とはいえない面も含まれてしまうからである。

その後、第2回の本部長賞は株式会社日本フードエコロジーセンターに、そして第3回の本部長賞は、北九州市小倉北《こくらきた》区の魚町《うおまち》商店街振興組合に与えられた。なお、第4回はみんな電力株式会社に与えられた。下川町も日本フードエコロジーセンターも本書ですでに触れているが、魚町商店街振興組合には触れていないので、ここで少し触れておく。

商店街は、近年大型スーパーマーケットや大型モール等の勢いに押され、元気がないといわ

魚町銀天街で開催されたSDGsアートフェスタの模様。「SDGs地球ひまわり」（Colorhythm Risa 作）とともに（写真・魚町銀天街）

れることが多いが、魚町商店街（魚町銀天街《ぎんてんがい》）はそうした評判を逆手に取るかのように、ＳＤＧｓをきっかけに元気を取り戻そうとしている。２０１８年８月に「ＳＤＧｓ商店街」を目指すことにしてから最初に取り組んだのは、マッピングである。商店街の活動からＳＤＧｓ達成へ向けた活動という「ＳＤＧｓ的要素」を取り出して体系化し、優先課題を目標4と目標11に定めた。そして商店街のあるべき姿から課題を明らかにし、活動を定量化したうえで達成率を高める取り組みを推進している。その取り組みは多岐にわたる。

たとえば、商店街で段ボールを敷いて寝ているホームレスに事情を聞き、市内の自立支援センターへの入所を勧める。たとえば、重度障がい者のイベントを商店街内で開催することで、理解を深めたり、商店主には車いすに乗って自店に入ってもらうことで、いかにアクセスしにくいかを体験してもらう。いずれも、「だれ一人取り残されない」ためにできることから取り組みはじめている。あるいは、流通に乗らない規格外野菜を農家から直接仕入れて販売する農業支援団体を商店街に誘致したり、フェアトレード商品の販売を進めたり、プラスチックストローの削減を働きかけたりするなど、実に多様な取り組みを行っている。

さらにはＳＤＧｓバル（bar）、ＳＤＧｓマーケットといった認知度向上のための取り組みも行った。その結果、商店街内でのＳＤＧｓの認知度は北九州市内の約20％に対して、35％と高くなったという。

最近は、アワード獲得企業や自治体に対する講演依頼や見学申し込みも多いと耳にする。優良事例を示し、そのエッセンスを抽出しながら他のステークホルダーにも行動を促すことができれば、アワードの意義も増していく。国連による『グローバル持続可能な開発報告書』や、「ＳＤＧグローバル・フェスティバル・オブ・アクション」、そして日本の『ＳＤＧｓ白書』などを中心に、そうした役割を期待したい。

SDGsアクションプラン

２０１７年から毎年年末のＳＤＧｓ推進本部会合で「ＳＤＧｓアクションプラン」が発表されている。翌年の政府としての行動の中核となるアクションを提示するものである。

２０１７年末発表の「ＳＤＧｓアクションプラン２０１８」は、副題を「２０１９年に日本の『ＳＤＧｓモデル』の発信を目指して」とし、その方向性としてその後数年続くことになる３つの施策の柱を提示した。１つ目が、「ＳＤＧｓと連動する『Society 5.0』の推進」、２つ目が「SDGsを原動力とした地方創生、強靭かつ環境に優しい魅力的なまちづくり」、3つ目が「SDGsの担い手としての次世代・女性のエンパワーメント」である。

1つ目の柱は、主に経済界や科学技術イノベーションの動きを強化することを主眼とする。そこでは「破壊的イノベーション」という言葉を用いながら、一気に目標達成が実現するようなイノベーション実現を目指す。とりわけ、民間企業の後押しを行うことが方針として示された。

2つ目の「地方創生とまちづくり」の柱では、のちに「SDGs未来都市」事業として結実することになる、先進的モデルとなる自治体支援の方針が示された。

3つ目の「次世代と女性」の柱では、働き方改革や女性の活躍推進を着実に実施するとしたものの、国内施策について新たな「目玉」は出てこなかった。国際的にはユニバーサル・ヘルス・カバレッジ（UHC）の推進へ向けて今後約29億ドルの支援を行うことをうたったものの、それが国内におけるUHCの課題と直結して示されなかったのは残念であった。

翌年の「SDGsアクションプラン2019」も、前年の内容を基本的に踏襲したものとなった。新たな展開として、第1の柱について、「中小企業におけるSDGsの取り組み強化」が強調されることとなった。2018年までに、大企業や業界団体についてはSDGsの浸透がかなり進んできたことを受け、次なるターゲットとして中小企業がクローズアップされてきたのがこの時期である。また、科学技術イノベーション（STI）については、国連の「ST

Iフォーラム」等を通じた国際的なリーダーシップ発揮を目指す方向も示された。また、第2の柱のなかには、海洋プラスチックごみ対策を含む持続可能な海洋環境の構築が新たに掲載された。

２０１９年末の「ＳＤＧｓアクションプラン２０２０」は副題を「２０３０年の目標達成に向けた『行動の10年』の始まり」とした。２０１９年のＳＤＧｓサミットで、次の10年が「行動の10年」となったことを受けている。このアクションプランも、３つの柱を踏襲し、関連のさまざまな施策が掲載されている。

毎年のアクションプランが提示されることで、翌年のＳＤＧｓ推進で何が重点的施策や行動となっていくのかが明らかになるのは、中央官庁だけでなく、地方行政や企業の取り組みにとっても重要だ。その点で、第一歩を踏み出しているといえる。とはいえ、その先にどのような新たな施策を打ち出し、予算化するのか、また、本当の意味でＳＤＧｓを達成するために必要な、省庁やステークホルダーを横断するような取り組みをどのように推進していくのかについての具体策は、これまでのアクションプランでは明らかになっていない。

こうした点を改善すべく期待したいのが、２０２０年からの「行動の10年」における取り組みであり、取り組みを強化すべく改定された、改定版ＳＤＧｓ実施指針である。

ＳＤＧｓ実施指針改定へ

２０１９年版のアクションプランには、２０１９年後半に「ＳＤＧｓ実施指針」を改定することが示された。国連総会におけるＳＤＧｓのレビューを受け、国内の取り組みの加速化をにらんでのことである。

筆者もＳＤＧｓ推進本部の円卓会議構成員として、２０１６年から政府の動きを見てきた。そして、それまでの円卓会議では、より幅広いステークホルダーから意見を聞き、それを政府の行動へと反映していくというプロセスが欠落していることが気になっていた。基本的に、ステークホルダーの意見反映は円卓会議構成員の個人的な力量に任されることになっていたのである。経済団体や消費者団体のように、団体を代表して参加している構成員については、ある程度それも可能であろう。しかし一方で、一般市民の声や、ＳＤＧｓに関して取り組みを進めようと苦労している多くの企業、とくに中小企業、あるいは研究者や教育関係者の声などは、なかなか吸収する機会がないのが現状であった。

こうした問題意識に立ち、２０１９年6月の円卓会議の場で、筆者は「ＳＤＧｓ実施指針」改定へ向けて、より幅広い声を集めるための「ステークホルダー会議」の開催を提案し、円卓会議構成員有志で、これをかたちにすべく取り組むこととなった。

改定が12月に行われるとすると、そこから逆算し、パブリックコメントを実施したり、各省への照会を行ったりするスケジュールを考えると、ステークホルダー会議開催は遅くとも9月には実施する必要があることがわかった。そうなると準備を急ぐ必要がある。調整を行った結果、国連大学サステイナビリティ高等研究所（UNU-IAS）の竹本和彦《たけもとかずひこ》所長の協力を得て、国連大学会議場で9月6日に実施することとした。また、慶應義塾大学xSDG・ラボと、SDGs市民社会ネットワーク、UNU-IASの3者が実質的な事務局機能を担うことで、民間主導でのステークホルダー会議開催へ向けた体制をつくっていった。

会議の目的は、円卓会議構成員有志による「SDGs実施指針」改定へ向けた提言提出である。ステークホルダー会議は、発起人に政府機関関係者を除いた円卓会議構成員全員が名を連ね、また外務省の後援を得て、開催された。幅広く、実質的に活動を行っているステークホルダーの参加を得るために、各構成員が5名程度の声がけを行ったうえで、その他に公募を行い、会議は予想を上回る200名程度の参加を得て行われた。SDGsのステークホルダー会議としては、これほどまでに包括的に行われたのははじめてのことであり、かつ最大規模の会議といってよいものとなった。実際、会議には、さまざまな講演を行っているオピニオンリーダーや研究者、そして実務家等が集まり、分野も、企業から一般市民、小学生を最年少とする若者、金融関係者、自治体関係者、教育関係者等、幅広いステークホルダーが集まった。

2016年にできた実施指針のときと比べると、SDGsに関心をもち、何か「行動を起こしたい」、あるいは「行動を起こさなければいけない」と考えるステークホルダーが格段に増えたのが、2019年までの3年間の進化だといえる。と、同時に、「何かをしたいのだけれどやり方がわからない」という声も頻繁に聞くようになってきた。だとすれば、必要となるのは、各ステークホルダーごとの行動指針といえるものであろう。

こうして、改定版の実施指針はステークホルダーごとの指針をさらに書き込むべきだという考えに至り、分科会はステークホルダーごとの指針の提示へ向けた構成とすることとした。こうして、「市民」「企業」「資金」「地域」「教育・研究」の5つの分科会で議論を深めることとなった。

丸一日かけて開催された会議の成果は、その後、SDGs推進円卓会議構成員有志による「持続可能な開発目標（SDGs）実施指針改定に向けた提言」[1]というかたちでまとめられた。提言は、会議の翌月曜日にあたる9月9日に開催された円卓会議において、SDGs推進本部幹事会副議長の外務省地球規模課題審議官の手に渡された。

提言には、SDGs達成へ向けた行動を強化すべく幅広い課題が盛り込まれた。地球や人類が危機的状況にあるという認識を今一度振り返り、危機感を共有すべきだというヴィジョンを提示した提言1、ステークホルダーの役割の重要性をうたう提言2、そして横断的課題を示す提言3の3部構成である。

その要点は、第1に、ステークホルダーの指針を明記した点である。分科会を構成した「市民」「企業」「資金」「地域」「教育・研究」それぞれについて、SDGs達成へ向けた行動の現状を分析したうえで、指針となるべき考え方を提言した。提言で特定されたのはこれら5つのステークホルダーであるが、内容としては、在留外国人、性的マイノリティ、女性、子ども、高齢者、中山間地域に居住する人々、障がい者、生活困窮者など、日本において「取り残されがちな人々」に手を届かせることとの重要性も強調された。また、たとえば企業については「ビジネスと人権」への取り組みが欠かせないことや、資金については、公的資金による市民活動への資金供与の重要性に触れるとともに、ＳＤＧｓ金融創出の必要にも触れるなど、ステークホルダーの提案にもとづいた、現実に即した提言が盛り込まれた。

第2の要点は、実施体制や制度改革の必要性への言及である。そもそも日本でも国レベルでの目標やターゲットを設定すべきだという基本的な点への言及から始まり、効率的な連携による予算の効果的配分などにも触れた。

ＳＤＧｓの達成のためには、省庁やステークホルダーを横断した政策実施や行動が必要になる。近くに保育園があるのに、行政上の区分が分かれているために遠くの保育園に子どもを預け、そのために仕事の変更を余儀なくされたとか、業務時間の短縮を余儀なくされた結果、家計が苦しくなったという例がある。この例に見られるように、個人や個々の担当部署の努力では解決しにくい問題の解決が求められている。そのために政府内で権限をもった「司令塔」を設置することや、そこが官民連携のコーディネーターの役割を担う必要があることなどが書き込まれた。

また、「持続可能社会推進基本法（ＳＤＧｓ推進基本法）」といった基本法の策定により、Ｓ

DGs推進の政策的位置づけを高めていくことの重要性にも触れられた。さらには、この提言を生み出したような「ステークホルダー会議」を全国各地で、さまざまな個別課題解決のために実施し、ボトムアップで、官民のパートナーシップにもとづく課題解決手法を確立することも提言された。

その後12月に決定された「SDGs実施指針改定版」には、多くの提言内容が盛り込まれることとなった。とりわけ、「提言」では5つのステークホルダーに集約されるかたちで示された「ステークホルダーの役割」については、さらに細分化され、「ビジネス」「ファイナンス」「市民社会」「消費者」「新しい公共」「労働組合」「次世代」「教育機関」「研究機関」「地方自治体」「議会」と11のステークホルダーごとに示された。わかりやすさが増し、好ましいことであった。

今後は、「SDGs実施指針改定版」に示された指針に実体を与えることが重要な課題となる。政府としては、「実質的な課題解決に資するよう幹事会や円卓会議の開催頻度を上げ」、「分野横断的な課題の解決のため、円卓会議課題別分科会や関連ステークホルダー会議の開催等、体制強化」(2)を行うことなどにより、まずは推進本部の「司令塔」としての機能を強化し、さらに国際的な発信も行うことに期待したい。その第一弾として、2020年秋には円卓会議に4つの分科会が設置された。インターネットの政策的位置づけが基本法によって強化されたことなど、他の課題解決の経緯を見ても、SDGs基本法の採択も、一つの重要なステップとして欠かせないことのように思う。

(3) 研究教育界、若者、そしてその先へ

教育とSDGs

ＳＤＧｓ達成へ向けた取り組みは、さらに拡大を続けている。ここではそのいくつか特徴的なものを見ていきたい。

筆者の研究室では、ＳＤＧｓが国連で採択される前からＳＤＧｓの勉強を進めていたこともあり、ＳＤＧｓ採択直後に「キャンパスＳＤＧｓ」と題する活動を通じ、認知度向上を兼ねた調査を行った。慶應義塾大学湘南藤沢キャンパス（ＳＦＣ）内でＳＤＧｓに関連するような場所を学生が選び、そこに、関連する目標が記載されたステッカーを貼るというプロジェクトである。たとえば飢餓や食料に関する目標2であれば食堂、衛生施設に関する目標6であればトイレ、といった具合である。ステッカーには、目標のほか、ターゲットの内容や、その目標に関する世界や日本、あるいはキャンパスの状況を書き込み、世界が今何を目指しているのかを認識してもらおうとした。

学生たちが大学の事務局と掛け合い、日ごろはステッカーなどを貼ることができないキャンパスに3週間だけステッカーを貼ることに同意を得て、２０１５年10月から11月にかけて、こ

のプロジェクトが行われた。

プロジェクト前後で行った認知度調査の結果によれば、SDGsを知っていると答えた学生の数は、18%から83%へと向上した。身近なモノやコトの何がSDGsに関係するかを考えること自体、学生にとっては勉強になったようであるが、加えて認知向上に対してアイコンの果たす役割の大きさも明らかとなっていった。

プロジェクトを『朝日新聞』が紙面で取り上げたこともあり、その後、同じような取り組みを行いたいという高校や他の大学からの問い合わせもあった。それらにこたえて出張説明を行うことを通じて、学生たちの理解度も上がっていった。

「キャンパスSDGs」を皮切りに、多様なSDGs関連プロジェクトが動き出していった。沖縄でのSDGsを目指す村づくりや、兵庫県豊岡《とよおか》市の人口減少地区における持続可能なまちづくりといったフィールドワーク、企業の活動のSDGsによる評価や協働、企業報告書の分

図書館に貼られたキャンパスSDGsステッカー。「10 人や国の不平等をなくそう」とターゲット10.cが示されている

析、そして国連ハイレベル政治フォーラム（ＨＬＰＦ）における現地調査などといった具合である。資金の問題があり、すべてのプロジェクトを納得できるまで継続的に行えていないのは残念なことだが、取り組む学生の興味がとどまることを知らないように、活動も多様になっている。

注目すべきは、ＳＤＧｓ達成へ向けた取り組みに対して、若い人たちが興味と関心を強くもちはじめているという点である。筆者の研究室の学生に限らず、大学生の社会課題解決へ向けた関心の高さには目を瞠るものがある。他大学でも、キャンパスを挙げてＳＤＧｓに取り組む大学も出てきているし、滋賀県などの自治体との連携も見られる。

こういった関心の根底には、今の学生や子どもたちが育ってきた時代背景があるように思う。物ごころつくころから、リーマンショックによる不景気の波、東日本大震災、そしてその後も熊本地震や毎年各地で繰り返される水害といったように、大きな社会的変化にもまれて生きてきた子どもたちである。さらに、コロナ禍《か》が追い打ちをかける。こうなると、社会の課題を解決することが欠かせないという意識が、心のなかに根付くであろう。バブルを見て育った世代とはベースが異なっているように思う。

それは大学生に限らない。中高生や小学生でも、ＳＤＧｓに引き付けた課題解決に関心を寄せる声は大きくなっている。筆者が監修した『未来を変える目標：ＳＤＧｓアイデアブック』（紀伊國屋《きのくにや》書店、２０１８年）も、副読本として多くの高校に配布された。内閣府が、２０１９

年のG20サミット主催に関連して行った「地方創生ワカモノ会合」のアイディアコンテストでも、２００近い提案があった。進学塾の日能研《にちのうけん》も早々にＳＤＧｓの重要性に注目し、入試問題や学校活動に照らしながら、ＳＤＧｓ達成の重要性を説いている。最近では進研《しんけん》ゼミが、小学４年生向けの冊子で年間を通してＳＤＧｓを紹介する試みを始めた。

筆者は、ＳＤＧｓは教育で活用できる格好の問題集だと考えている。しかし、その内容は今までの問題集とは１８０度逆を行く。通常の問題集はまず問題があり、答えは隠されているが、ＳＤＧｓは答えがすべて書かれている。答えを導くのではなく、答えにどうすればたどり着けるのか、そのプロセスを考える問題集である。

そう考えると、ときには社会の仕組みを知らないことが力になることもある。知ってしまうと、「だから答えにたどり着けない」という、できないことの説明で落ち着いてしまうことがある。基礎知識が邪魔をしてしまうのである。しかし、仕組みを知らなければ、答えを虚心に眺めながら、どうすればそれができるかを考えられる、というメリットが出てくる。その意味では、若い世代のほうが、より柔軟で、良い発想をもつ場合もある。実際筆者の経験でも、社会人に思いつかない発想を大学生が出し、はっとさせられることがある。さらにいえば、小学生と大学生が、同じ解決方法を考えてくる場合さえある。柔軟な発想という点では、どちらも引けを取らない。ただ違うのは、それを実現するための障害がどこにあり、何をどう直すことが必要か、そのために何をしなければいけないのかというところまで論理的に考えていく力であり、そのための引き出しの多さである。必ずしも知識の多さではない。

インターネットが普及し、単なる知識や情報であればすぐに調べられる時代である。これからの学習では、考えることが教育のなかで重要性を増し、論理的構成力が、学力の違いとしてものをいうようになるだろう。知識の量より、考えの質である。ＳＤＧｓの、発想力と考える力を育てる側面が、教育にも大いに役立ってくる。そうなったときに試されるのは、子どもたちの発想力を寛容に、そして対等な立場で受け止めることができる、大人の力量ではなかろうか。

研究とＳＤＧｓ

研究者としては、ＳＤＧｓは学術研究の新たな地平を開く可能性があるものとして注目してきた。ＳＤＧｓが共通言語だという特徴は、研究者と実務家の間の共通言語という意味でもあるし、研究者間の共通言語という意味でもある。これまで「持続可能な開発」や「サスティナビリティ」といっても、研究分野や職種を超えた会話においては、必ずしも同じコトやモノを意味しないことも多かった。そうしたなかで共通概念が出てきたことの価値は極めて大きい。

持続可能性をめぐる研究では、社会のなかのステークホルダーとの連携によって研究の新境地が開かれるという「トランス・ディシプリナリティ」の重要性が、２０１１年前後から強調されてきた。

それぞれの研究分野（ディシプリン）による研究も重要だ。たとえば、有機化学や、機械工学、国際政治学といったさまざまな「学」の専門的研究が、新たな素材を生み出したり、新たな概念や因果関係を発見したりしてきた。一般に研究という言葉から想起されるイメージはそのようなものが多いのではなかろうか。しかし、分野が次第に細分化されすぎ、いわゆる「重箱の隅をつつく」ような研究が増えたり、社会の課題解決がそうした研究から出ることが少なくなってくると、分野を超えた研究の重要性が叫ばれるようになった。学際研究といわれるものである。分野を横断するインター・ディシプリナリーな研究や、多くの分野を横断するようなマルチ・ディシプリナリーな研究がこれにあたる。課題解決に向けてさまざまな学問分野の知識を統合したり、融合したりすることで、新たな技術開発やイノベーションを生み出す研究手法が開発された。筆者の出身学部であり、現在の所属先でもある慶應義塾大学湘南藤沢キャンパスの総合政策学部や環境情報学部も、90年代初頭にこうしたコンセプトにもとづいて出現した。そして当時から、問題解決における実務とのコラボレーションが重要だといわれたものであった。

それから20年ほどが経ち、サステイナビリティの研究分野でも、ようやく新たな課題解決方法に本格的に注目しはじめた。それがトランス・ディシプリナリティである。「超学際」ともいわれるこの手法は、研究者と、課題を抱えるステークホルダーとが、研究の課題設定の段階からコラボレーションを行い、共同で研究を進め、そして生み出した解決方法の実現までを共同で行う。従来はとかく研究者が研究をし、実務家はその結果を生かす、あるいは、結果をアレンジして生かしていく、という一方通行のやり取りであった。しかし、それでは必ずしも実務的に欲しい成果を欲しいようにつくれないし、研究としても認められる成果を生み出せないというジレンマがあった。これを乗り越えるための方法がトランス・ディシプリナリティである。

そのためには共通に話ができる土台が大事になる。ＳＤＧｓという共通言語がこれを与えてくれたというわけである。

国際的研究動向とフューチャー・アース

地球システムをめぐる科学では、研究は進んでもそれが社会に十分伝わらず、したがって解決へ向けた方策も不十分だという状況があった。たとえば気候変動をめぐる科学は、その現象の解明が進み、地球が危機的状況にあることを明らかにしてきたが、そのことは必ずしも人間の行動変革につながっていない。こうしたなかで、それまで並行して進んできた4つの国際的学術研究プログラム（世界気候研究計画〔ＷＣＲＰ〕、地球圏・生物圏国際協同研究計画〔ＩＧＢＰ〕、生物多様性科学国際共同研究計画〔DIVERSITAS〕、地球環境変化の人間的側面国際研究計画〔ＩＨＤＰ〕）を統合し、トランス・ディシプリナリティの概念を活用することで、実質的な課題解決を行う新たなプログラム「フューチャー・アース」が２０１３年から始まった。その前年に行われ、ＳＤＧｓを策定することを決定したリオ＋20国際会議で、「フューチャー・アース」も開始することが決められている。ちょうどＳＤＧｓの交渉が開始した年から始まったわけである。

こうした点からもＳＤＧｓが学術的動向と歩調を合わせるかのように進んできていることがわかるであろう。筆者もＩＨＤＰのなかの一つのコア・プロジェクト「地球システムガバナンス・プロジェクト」の国際科学諮問委員を務めていたことから、こうした動向を目にしていた。そして、ちょうど２０１３年には、「フューチャー・アース」のプログラムにも深くかかわる仲間たちと、ＳＤＧｓを支える「持続可能な開発」の概念構築と、あるべきＳＤＧｓの姿を示した論文が『ネイチャー』に掲載された。

その後、ＳＤＧｓをめぐる研究も盛んになりつつある。ＳＤＧｓは論理的整合性を求めてつくられたものではないことから、ターゲットごとのシナジーやトレードオフに関する研究や、水・エネルギー・食料の目標の同時達成はどのようにすればよいのかを求める「ネクサス」研究、あるいは筆者のように、ＳＤＧｓに代表される「目標ベースのガバナンス」の機能やあり方を検討する研究などである。ＳＤＧｓを直接的に扱わずとも、それぞれの目標達成を目指した研究も数多くあり、日本学術会議も、ＳＤＧｓと学術の関係の検討を行っている。世界的にも、日本学術会議のような各国アカデミーのネットワークをつかさどる国際組織であるＩＡＰ(InterAcademy Partnership)が、２０１６年から3年にわたって、アカデミーがいかにＳＤＧｓ

に貢献しうるかの検討を行い、筆者も日本学術会議を代表するかたちで、これに参加した。

大学のランキングシステムにも、ＳＤＧｓへの貢献が取り入れられはじめている。ＴＨＥ（Times Higher Education）の世界大学インパクトランキングである。

より効果的なＳＤＧｓの達成には学術の巻き込みが重要である。学術の側も、象牙《ぞうげ》の塔にこもるのではなく、社会とともに進んでいく姿勢が求められているし、そのことが、新たな学術的境地を開拓することにもつながる。

筆者も実践の場として、２０１７年にｘＳＤＧ・ラボという研究ラボラトリを立ち上げた。また、トランス・ディシプリナリティ推進の場として、企業や自治体、それに中央官庁の官僚もオブザーバーとして招待しながら、課題解決へ向けて実践を重ねていくｘＳＤＧ・コンソーシアムを並行して設置した。年間3回程度の全体会合のほか、プラスチック問題分科会や企業のＳＤＧｓ対応促進とその評価に関する分科会など、２０１９年度時点で20を超えるパートナーとともに議論を行い、研究と実践に生かすという試みを行っている。こうした取り組みから、新たな方法論を生み出していきたいと考えている。

メディア

ＳＤＧｓにいち早く取り組みはじめたマスメディアは『朝日新聞』であった。それまでＮＨＫ「クローズアップ現代」のキャスターを務めていた国谷裕子《くにやひろこ》を迎え、全社を挙げてＳＤＧｓ

を取り上げはじめたのである。特集記事やWeb版での特集をはじめ、あらゆる紙面にSDGsが掲載されはじめると、それをまとめた冊子も制作し、毎年の認知度調査も実施している。2019年には特集記事の英語版も作成し、ニューヨークの国連総会でも記事は配布された。同年には、『朝日小学生新聞』と『読売KODOMO新聞』とが共同で、小学生がSDGsを考えるイベントも開催された。

こうした動きを追うように、他のメディアも次第にSDGsに注目しはじめている。2019年から、『日本経済新聞』はSDGsへの取り組みを強化した。日経SDGsフォーラムは会員企業を増やし、シンポジウムやセミナーも回数を重ねている。シンポジウムの告知や結果などは新聞記事にもなる。いつしかSDGsの語が、数多く紙面に並ぶようになっていった。

2019年7月には、HLPFのサイドイベントとして、ニューヨークで「日経フォーラム」が開催された。経団連のツアーもあり、多くの日本の財界人がHLPFに足を運ぶ状況は、その前身のCSD時代から国連における持続可能な開発の取り組みを見てきた者にとっては、画期的な光景であった。

メディアの取り組みはマスメディアにとどまらない。2019年あたりからは、週刊誌や大衆誌もSDGsを取り上げるようになった。

映像の世界にも広がる。2018年に第1回が開催されたSDGsクリエイティブアワードは、映像作品に贈られるアワードだ。映像でＳＤＧｓ達成へ向けたさまざまな活動を取り上げるSDGs.TVを始めた株式会社ＴＲＥＥによる映像アワードには、ＳＤＧｓの取り組みやそのあり方、あるいは課題を映像で伝える素晴らしい作品が集まった。第1回の受賞作品は、ＡＮＡの機内でも放映された。

映像作品を見ると、映像の力を改めて思い知らされる。インパクトが強い。２０１８年の第2回ジャパンＳＤＧｓアワードのパートナーシップ賞を受賞したフジテレビジョンの「フューチャーランナーズ」は、数分間の番組ではあるものの、ＳＤＧｓ達成を目指した課題解決に取り組む人を取り上げている。ＢＳ朝日も２０２０年の春にはじめてＳＤＧｓを正面から扱った1時間番組を放映した。テレビメディアはまだそれほどＳＤＧｓを正面から取り上げてはいないが、持続可能性のエッセンスが「ストーリー性」にあるということを考えれば、今後さまざまなストーリーがテレビでも紹介されていくだろう。

（4）他国の取り組み

欧州のケース

日本のステークホルダーのＳＤＧｓへの取り組みは、決して他国に劣るものではない。大手企業における認知度の高さや、取り組みの多様性、なによりも、カラフルなアイコンを旗印に、楽しみながら取り組む人が増えている状況は、世界に誇るべき姿である。

ただ、世界のなかにはほかにもユニークな取り組みをしている国々がある。いくつか例を挙げれば、デンマークは、2017年3月にSDGs実施計画を発表し、SDGsに関する新たな法規制はSDGsの観点から評価される、という仕組みを導入している。フィンランドでは、すべての省庁が、169ターゲットについて自省との関連性を評価することになった。首相が議長を務める「持続可能な開発に関する政府委員会」には市民団体や企業、教育団体、議会、省庁、地方自治体などが参加し、たとえば「持続可能な開発への社会のコミットメント」の2016年の策定プロセスでは、この委員会による対話が実施されている。オーストリアでは、2016年から2017年にかけて、「2030アジェンダ」の実施に関する監査がオーストリア監査裁判所によって行われた。そこでは、法的枠組み、連邦政府のSDGsに対する責務に対する認識や調整メカニズム、実施計画と進捗状況のモニタリング等が監査された。その結果、HLPFで発表したVNRでの野心の欠如や、「2030アジェンダ」実施結果へのアクセスの欠如、議会への報告不足などが批判されることとなり、改善のための25の提言が示された。

ドイツは、以前から国内の持続可能な開発戦略を策定しており、2016年にはこれを改定し、よりSDGsに対応するようなプロセスとしている。そこでは、SDGsに関連付けられた、ドイツの2030年ターゲットを掲げ、進捗を測る指標が設定されている。また、省庁と市民社会団体の間の対話も組織されている。持続可能な開発戦略は、国際的なピアレビュー（専門家による査読）に付し、結果が２０１８年６月に公表された。これにより、政府の実施努力や説明責任を向上させるべき点等が指摘され、勧告が出されている。

また、気候変動交渉などでも見られることであるが、デンマークやフィンランド、フランスといった欧州諸国では、ＨＬＰＦの政府代表団にＮＧＯや若者、ビジネス関係者、自治体代表者なども入れるなど、パートナーシップを強化している。

一般的にいって、欧州諸国での取り組みには先進的なものが多い。それは、ＳＤＧｓがあるから始めた取り組みというよりも、どちらかというと、持続可能な社会をつくる取り組みが進んでおり、そこにＳＤＧｓという名称が後からついてきたというような印象がある。行動や発想が根付きはじめているのである。

日本も行動の加速を

これに対して日本では、ＳＤＧｓという名称はだいぶ普及してきたものの、行動がまだ十分伴っていない。行動を加速することが、日本をこの課題での先進国に押し上げることになる。

世界のＳＤＧｓをめぐる対応状況は日々変化している。また、こうした政策面での変化よりも、これまでに触れてきたような国境を越えた取り組みが、むしろ世界や各国政府を突き動かしていくという側面もある。たとえばフランスでは、衣料品のサプライチェーンに対して、どの程度持続可能かという点から評価し、認証を与える仕組みが始まっている。こうしたものを含め、他国の取り組み状況を見ながら、その良いところや取り込み可能なところを学習していくことができるのも、ＳＤＧｓという共通言語を活用する一つの重要な側面であるといえよう。

第7章　SDGsのこれから——ポスト・コロナの世界の道しるべ

(1)「自分ごと」としてのSDGs

個性を生かして

SDGsのこれからにとって必要なこと、それは各自が2030年の世界のかたちを考えながら、行動をとっていくことである。行動の単位は、一市民としての個人であったり、会社人としての個人であったり、あるいは仕事や組織の一員やリーダーとしての行動、そしてその結果としての会社や組織における行動であったりと、さまざまである。違いはあれ、さまざまなレベルで行動を起こすことで、すべてが始まっていく。その際大事なことは、型にはめるのではなく、「自分なり」の個性を生かした行動をとることである。

筆者自身、それまで仕事がメインでSDGsを考えていたが、あるとき行動に移す機会に恵まれた。家づくりである。

家族が増えることをきっかけに、手狭になってきたマンションから引っ越すことを考えはじめた。ちょうどそんな折、建築家の同僚に、ふとした立ち話の最中に、どこのディベロッパーやハウスメーカーが良いのか、尋ねてみた。そうしたら、彼の口からは想像もしていない答えが返ってきた。

「建築家と家をつくるのが良いんじゃない？ そして、蟹江さんがつくるのであれば、SDGs達成を目指した家にするべきでしょう」

この言葉をきっかけに、同僚の小林博人《こばやしひろと》、それに彼の紹介で加わった川島範久《かわしまのりひさ》と一緒に、「SDGハウス」づくりに取り組むことにした。このプロジェクトによって、SDGsが一気に自分の身近なことの一部として感じられ、研究対象であるばかりでなく、「他人《ひと》ごと」ならぬ「自分ごと」になっていったように思う。こうした、何か自分のできる、そして関心を寄せることについて、行動を起こすことで、いろいろな発見がある。それは、「自分ごと」化するうえで非常に重要なことのように思う。

SDGハウスを通じた発見

SDGハウスではいろいろな発見が現実のものとして出てきた。たとえばコストの問題である。SDGsは経済、社会、環境の3つの側面をもっているが、それまで筆者は、経済や社会の持続性を考えるための前提条件として環境や地球の課題があることから、環境の持続性を取り込むことがこの問題の核心であり、最も難しいと考えてきた。しかしSDGハウスプロジェクトを行うことで改めて感じたのは、コストをかければ環境を守ることはいろいろとできる、ということである。技術はかなり発展している。しかし、環境に良い商品というものは、今の経済システムのなかでは高価格の商品が多い。普及している金属や石油化学製品のほうが、木材を使ったものよりも安い。木材にしても、認証材を使おうと思うと、どこから来ているのかのトレースができない集成材よりも高くつく、といった具合である。あるいは、家のかたちをはじめ、環境に優しいといわれる素材もいろいろなレベルがあるなかで、たとえば高級感も出しながら環境に優しい素材となると、コストがより多くかかる。プライバシーを確保しながら開放的な空間を確保しようとすると、複雑な構造となり、そこにもまたコストがのってくる、という具合である。

コストの問題は、自分の財布ということになると、現実的に深刻な問題として降りかかる。実は経済の持続可能性こそが、環境の持続可能性を確保するために重要な要素となっているわけである。これを広げて考えれば、現在の経済システムのなかでは、大量生産、大量消費が可能な石油化学素材を使った商品のほうが、持続可能な素材を使用した商品に比べて安く手に入り、そのことがまた経済合理性を再生産していることに気付く。そうなると、生産システムを変え、たとえばＳＤＧｓのなかの12・ｃでもいうように化石燃料補助金を減らし、持続可能な素材を使用した商品の競争力を増していくことが、結果的に持続可能な商品の活用につながることも、実感としてわかってくる。

あるいは、社会の側面は、人と人とのかかわりのことだということも改めてわかってきた。家のあり方を考えたときに、ジェンダーにしろ、子どもの教育や学習にしろ、家の「内」と「外」とのかかわりにしろ、いずれも人とのかかわりや、人の成長や対人関係をどうとらえるのか、そしてどう考えるのか、ということに関係していることに改めて気付かされる。塀を高くすれば、家の中は守られているように感じられるかもしれないが、外から見れば中の様子がわからないのは不気味にも感じるし、むしろ安全性は開放的な場所ほど高いというような話も聞く。勉強のためのスペースをどう設置するかは、親子の関係にもかかわってくる。場の設置の仕方を通じて、社会の持続性という側面は、人のとらえ方に大きく関係するということに気付かされる。

つまり、経済、社会、環境は、金、人、自然の問題でもある。それらの間のバランスを自分なりにどうとりながら、SDGsという世界の目標を達成する道のりをつくっていくかが、SDGsを身近に考えるということになっていく。

さらには、一つのコトやモノを考えるにしても、重要視する点や価値観のもち方によって、いろいろなやり方でSDGs達成を目指すことができることにも気付かされた。

たとえば木である。SDGs達成のためにわかりやすいのは、FSC認証材を使用することである。前にも触れたように、FSC認証材を使用することで、持続可能な森林資源の利用(15・2)をはじめ、多くの目標達成に貢献することができる。こうしたことから、SDGハウスでは三重県尾鷲《おわせ》の認証材を構造材に利用した。しかしそれだけではない。発展途上国からの輸入材であっても、生産地の労働環境や森林経営についてのトレーサビリティ(生産・流通履歴の情報)が把握できれば、先進国と途上国の間の格差解消にもつながるし、現地の雇用創出にもつながる。輸送にかかる二酸化炭素排出量を削減するという課題はあるものの、その部分を重視して国産材とするか、それとも途上国の課題をより重視するか、いずれの解決を優先するかによって、SDGsの達成を目指しながらも、使う木材が変わってくる。SDGハウスでは、木材のトレースについてデューデリジェンス(適正評価)を実施しているマルホン社から、途上国産の木材によるフローリングの購入も行った。

さらには、古民家で使っていた古木や、別の場所で使った木の再利用という道もある。一度使った木である。使わなくなったところから、再利用することもまた、資源利用効率という意味で、SDGs達成に貢献しうる。SDGハウスでは、古木を利用して机の上板をつくったり、無印良品の展示会で利用した杉の木材を棚板として使う、ということもやってみた。今まで節の多い杉は使用用途が限られてきたが、これをあえて目に見えるところに使うことで日本の林業に貢献しようという同社の取り組みに賛同したからでもある。

木の活用は構造材や棚だけに終わらない。窓枠を木でつくることで、断熱性能も上がることから、木の窓枠をつくる山形のアルス株式会社の「夢まど」も採用し、木の素材感を味わいながら、エネルギー利用の効率化を図る試みも導入した。

これらは一例であるが、このように、木一つをとってみても、さまざまなかたちでSDGsの達成に貢献しうることがわかったのは、実際に調べ、「自分ごと」に引き付けて考えたからであった。専門家であればともかく、一市民として、SDGsを実感するためには、行動を起こしてみることが重要だと考えるゆえんである。このほかにも、子どもの寝室に、木の組み合わせだけで組み立て、その周りを本棚とするBBB（ベッド&ブック・ブース）を小林と考案し、DIYで製作した。また、そこで使用するマットレスには、コイルを使わず汚染物質も出さない作り方をするマニフレックス社のマットレスを使用したり、と、SDGs達成のための工夫を可能な限り取り入れていった。

筆者の場合は、たまたま新築の、そして狭小な土地に建てる家となったが、こうした行動は新築に限らない。うまく物件を探すことができれば、中古の家やマンションのリフォームという選択肢もあるだろうし、古民家再生も一案だろう。大事なことは、型にはめるのではなく、自分に合った、自分がやりたい方法で、しかし、SDGsという世界のあるべき姿を基準にしてそのあり方を考えるという点である。これは、SDGs達成へ向けた行動のエッセンスでもあるように思う。

通過点としてのＳＤＧｓ

本書を通じて繰り返し述べてきたのは、ＳＤＧｓは達成へ向けたルールがなく、到達点だけが示されているという点である。つまり、やり方はいろいろある。しかし、ＳＤＧｓという骨格だけは外してはいけないということである。

人生にはそれぞれ目指すところがあるだろうし、企業や自治体にもそれぞれ目指すところがあるだろう。ＳＤＧｓは目標といってはいるものの、企業や自治体は、ＳＤＧｓのためだけに事業や政策を行っているわけではない。それらの主体はそれぞれの事業があり、たとえばモノづくりで人を幸せにしたり、あるいは何かのサービスを提供して人を幸せにすることが目標であったりする。それは、事業をするうえでの喜びにもつながっているであろう。ＳＤＧｓはそういった個別目標にとって代わろうというものではない。

そうではなく、個別目標を達成するために押さえておかなければいけないチェックポイントとでもいうべきものが、ＳＤＧｓにより適したイメージではなかろうか。それぞれの個別目標を目指しながら、二酸化炭素をどんどん出してしまっては、自らの利益と地球の利益とが相反してしまう。あるいは、個別目標達成に目をとらわれた挙げ句、社員に過重な労働を背負わせても、会社の利益と個人の幸せとが相反してしまう。そういった矛盾を生じさせずに、個別利益と全体利益との整合性をもたせるためのチェックリストがＳＤＧｓなのだろう。

これは、「囚人のジレンマ」に代表されるような、個別合理性と社会的合理性の調和が困難な「公共財」の確保にまつわる問題に対して、解答を与える可能性がある手段としても、興味深い。囚人が自らの刑を軽くしようと、共犯者を裏切って自白すると、共犯者も同じ行動をとったときに、結局お互いの犯罪が明らかになってしまい、双方ともに刑が重くなるというのは古典的な例である。転じて、たとえば各国が自国の経済的利益のみを追求すると、結局地球全体の利益としての気候変動対策ができなくなるというのもこうした例の一つである。従来から、個別合理性を追求すると、社会全体の合理性が損なわれることになるということは、経済学的にも説明されてきた。

しかし、個別合理性の追求の際に、全体の利益と整合的であるかのチェックを行い、修正可能であれば修正の方策を見つけ、すぐに修正できなければ時間をかけて仕組みや技術のイノベーションで解決を目指していくことができれば、個別合理性と社会的合理性の調和の道も開けてくるのではなかろうか。実は、筆者がＳＤＧｓに最も期待したい点は、こうしたことである。ＳＤＧｓという歴史上はじめての大きな社会実験がこれを証明できたときには、地球と人類には明るい未来が開けてくるような気がしている。逆にいえばそれができない限り、地球と人類は限界に突き当たることになる。

そうした意味では、ＳＤＧｓは、21世紀を生き抜くための最低限の目標であるといってよい。その先の個々の目標実現のために、通っておかなければいけない通過点としての目標である。個々の目標は多様であるべきなので、やり方はいろいろある。その多様性がまた、新たなやり方を生み出す力になり、そうした力が合わさって、さらに大きなイノベーションが起こる可能性も出てくる。

これからの世界は、ＡＩも進化するだろうし、ＩｏＴもさらに進み、個々のモノのコネクティビティ（つながり）も高まっていくだろう。さまざまな可能性のなかには、人類や地球にとって悪用されかねない可能性も含まれる。技術が悪用されないよう、これまでもさまざまなところで規制がかけられたり、倫理規定が設けられてきた。そうした技術の展開も含め、通らなければいけない最低線がＳＤＧｓだといえるのではなかろうか。

ＳＤＧｓのようなかたちで多くのステークホルダーとともに未来のかたちを示していくことは、75周年を過ぎ、１００周年へと向かう国連のあり方も示唆しているように思う。２０１２年のリオ＋20に際し、国際政治や経済、法律等の研究者のネットワークである地球システムガバナンス・プロジェクトをリードして、筆者らは21世紀の持続可能なガバナンスのヴィジョンを提示した。その柱の一つに据えたのが、国連安全保障理事会に並ぶような「国連持続可能な開発理事会」の創設であった。それはしかし、５大国のような国のみが拒否権をもって運営するのではなく、国の代表と市民の代表とが対等の力をもつ、二院制的な執行機関である。

理事会創設については議論の余地があるにせよ、国の代表と市民代表とが対等な立場で議論をし、未来のかたちを考えていくというスタイルは、人類と地球のより良いグローバル・ガバナンスを考えるうえで重要な示唆を与えているように思う。これに、企業の代表なども含めたマルチ・ステークホルダーを加えていくことで、新しい民主的な国際機関のかたちも見えてくる。

SDGsはこうしたところまで考えを広げる、大きな可能性をもつ、人類が手にした新たなツールである。その意義を見据えながら、自由に活用していきたいところである。

(2) 新型コロナウイルスの影響

コロナウイルスの影響とSDGs

本書の執筆の最中に、新型コロナウイルスが瞬く間に猛威を振るいはじめた。のちの歴史家が「コロナ前」と「コロナ後」に世界を分けて考えるだろうという声がすでに聞かれはじめているように、パンデミックの影響は今後の世界を語るうえで避けては通れない話題となるだろう。

2020年5月に示された国連事務総長による『SDGs進捗報告書』は、新型コロナウイルス(COVID-19)がSDGs達成へ向けた実施状況に与えつつある影響を速報的に描き出している。それによれば4月末現在で、200以上の国と地域で320万人以上が感染、23万人以上が死亡するという前代未聞の状況である。その後南米やインドでの感染の広がりが報告されているが、それ以前の段階でもこれだけの被害がもたらされている。今後明らかになる被害の全容は、想像を絶するものになりかねない。

個別の目標達成への影響も甚大だ。

貧困（目標1）では、4000万から6000万人が極度の貧困状態に戻ることを余儀なくされ、これにより過去20年ではじめて極度の貧困人口が増加することになるという。さらにパンデミックにより、数百万人が失業、あるいは仕事をしていても貧困状態に陥るという状態に押しやられている。また、目標1のターゲットで目指されている社会保護制度や緊急対策が不十分なことも露呈した。少なくとも世界人口の半数は、基本的保険サービスを十分に受けられる状態ではないことも明らかになっているという。

飢餓や食料安定確保（目標2）への影響も深刻だ。経済の不況と、食料供給システム（バリューチェーン）の停止が、飢餓や食料の安定確保不足の状況に拍車をかけている。食料生産・供給体制の早急な確立が、喫緊の課題として挙げられている。さらに休校措置により、3億7000万人の児童生徒が、それまで無料供給されていた給食を食べられなくなっており、栄養不足も懸念されている。

感染症に立ち向かうことや、ワクチンや医薬品の研究開発支援といった、パンデミック対策がダイレクトに含まれる目標3は、まさにSDGs達成が待たれるところだ。現状では、ほとんどの国、とりわけ貧困国において、健康関連施設、医療供給、医療従事者の不足が露呈した。報告書では、医療従事者の保護が喫緊の課題として挙げられた。

教育（目標4）への影響も深刻だ。休校措置により、世界児童生徒人口の90％（16億人）が通学できなくなった。これにより、学習および社会的・行動的な発達に負の影響があることが認められている。学習面については、遠隔教育が多くの児童生徒に提供された。これ自体は新たな教育の仕組みとして評価できる面もある。しかし報告書は、遠隔地住民、極度の貧困層、国家の機能をはたしていない破綻国家の国民、難民等弱い立場の人々は遠隔教育にもアクセスができないという点を重視し、デジタルデバイドによって教育の不平等が拡大することへの懸念を表明している。

ジェンダー（目標5）については、学校や保育・養護施設の閉鎖が、家庭における子どもの世話や子どもの学習指導に対する両親の負担を増やしていると述べ、特に母親の負担が増えていることを報告している。また、ロックダウン中に女性と子どもを対象とした家庭内暴力の増加が、いくつかの国で報告されている点も取り上げた。

水と衛生（目標6）も、COVID–19対策として重要だ。うがい、手洗いの重要性が繰り返し伝えられ、日本では常識として実施していることも、それがかなわない国もまだ多い。安全に管理された水と衛生サービスや、基本的な手洗いのための設備へのアクセスのない状態にある人は、何十億人という規模だという。

COVID–19は、信頼できて安価な電力を健康関連施設に供給することの重要性も浮き彫りにした。エネルギー（目標7）に関するいくつかの途上国での調査は、調査対象施設のうち4分の1が電化されておらず、他の4分の1では無計画停電によって基本的な健康サービス提供に影響が出たと報告書は述べる。こうした影響で、COVID–19に対する健康システムの対応がよりいっそう遅れた。

一方、IEA（国際エネルギー機関）は、都市封鎖がエネルギー需要に大きな影響を及ぼしていることを『グローバル・エネルギー・レビュー2020』で報告している。国際航空需要は世界全体で60％、陸上交通も50％、それぞれ3月末の段階で前年から減少し、これらによって原油需要は大幅に減少しているとの分析が、速報として示された。また、完全な都市封鎖を実施している国では平均25％、都市封鎖が部分的な国でも平均18％の電力需要が減少した。

経済成長や雇用（目標8）、インフラや産業化（目標9）への影響も甚大だ。2020年4月〜6月には、合計労働時間の10・5％の低下が予測されている。実に3億5000万人のフルタイム労働に値する数値である。最も大きく影響を受けているのは、中小企業、非正規雇用者、自営業や日雇い労働者といった、社会的混乱の影響を受けやすい労働者たちだという。さらに、失業や就職難により、世界全体の労働力の半数にあたる16億人の非公式経済（小規模非法人組織からなる非公式部門、自家消費のための生産を行う世帯の構成員、公式部門で働いても労働法令や社会保障などが適用されない臨時労働者など）の労働者が深刻な影響を受けている。非正規労働者の収入は、COVID–19感染拡大の最初の1ヵ月で60％の収入減であったと推定されている。

製造業に与える影響も大きい。グローバルな製品供給網が崩れたことで、原材料や消耗品がそろわない。そうなると製造活動そのものが崩壊の危機に陥る。その連鎖は、失業率増加というかたちで、じわじわと影響を及ぼすだろうと予想されている。なかでも影響が大きいのが航空業界だ。2020年の国際航空旅客人数は15億人減と予想され、国際線の搭乗率も4分の3減少と予測、結果として以前の営業粗収益予測と比べて2730億ドルの損失が出るとした。

不平等（目標10）も深刻だ。新型コロナウイルス対策は、最貧層や変化に弱い層に最も強い影響をもたらし、貧富の差を拡大している。これは国際関係でも同様で、最貧国に大きなダメージを与える。そしてそのことは人の心の中にもひずみを生み出し、差別を拡大している。31ヵ国において2014年から2019年に行った調査で、5人に1人が個人的に経験しているという国際人権法で禁止されている差別が、COVID-19によって悪化しているというのだ。全米を巻き込む抗議行動に広がった、ミネアポリスにおける警官による黒人男性殺害事件も、COVID-19に起因するひずみと無縁とは思えない。

関連したことは、平和と公正（目標16）のところでも述べられている。COVID-19は、潜在的には、目標16達成を阻害する社会不安や暴力を増大させる可能性があることが指摘されている。

都市やまちづくり（目標11）にも影響は及ぶ。国連事務総長報告は、とりわけ世界全体で10億人以上いるとされるスラム地域の住人への影響を懸念する。適切な住居がなく、家に水道がひかれておらず、トイレは共有し、廃棄物管理システムが不足しているか欠損しており、過度に混雑した公共交通機関を利用し、公式の健康管理施設へのアクセスが限られているからである。いずれも、ウイルスの蔓延を防ぐための行動に反する居住環境である。そのうえ、スラム住人の多くは非公式セクターで働いており、都市封鎖によって生活基盤が失われるリスクにさらされているというのである。

日本のような国では、COVID-19が都市の構造を変える可能性について言及されることがしばしばある。テレワークの増加は、これが定着していくとすれば、オフィススペースに関する考え方を変えるであろう。都心におけるスペースの削減は、会社のコスト削減にもつながる。すでに経営者層のなかには、郊外に住んで月に数日だけ都会のオフィスに通うという人も増えつつあるという。こうなると、まちのあり方や都会と地方との関係も変わってくるだろう。

環境問題を軸とする課題、すなわち消費と生産（目標12）、気候変動対策（目標13）、海洋生態系（目標14）、陸上生態系（目標15）については、今回の報告書ではそれほど大きな言及はない。環境問題に関しては、短期的には汚染物質減少や資源利用の減少が見られており、空気がきれいになったり、海の水が澄んだりといった環境改善に関する報告も各地から出ている、ということもあろう。たとえば目標13については、旅行禁止と経済活動停止の影響で、２０２０年の温室効果ガス排出量は６％削減され、大気環境も改善するという予測が示されている。と同時に、こうした影響は一時的にすぎないことへの警鐘も鳴らされている。むしろ筆者などは、これほどの活動停止や縮小をしても、排出量削減が６％にすぎないことに対して、驚きの気持ちが大きい。

課題となるのは、そうした変化をどうすれば定着させ、さらに強化させることができるか、という点である。

報告書でも、目標12には、COVID−19からの回復が、持続可能でない現在の消費と生産パターンを改め、持続可能なパターンに変革する機会となりうることが述べられている。

たとえば、新型コロナウイルス対策で外出自粛となったことで、従来は店舗での営業に限っていたレストランなどが、持ち帰りでの販売を導入した。そのこと自体問題はなく、また経営を応援する「応援消費」にもなるということで、筆者なども、これまで自宅では味わえなかった味を自宅で楽しむことができることから、外出自粛中の数少ない楽しみとして、しばしば利用した。しかし気になるのは、こうしたことが、容器や包装で利用する使い捨てプラスチックの増大に与える影響である。

そもそもレストランに限らず、新型コロナウイルス対策では、使い捨てプラスチックの使用が増大しているように感じられる。スーパーの会計などに現れた飛沫《ひまつ》防止のための透明シートや、防護シールドなどもプラスチック製のものがほとんどである。こうしたものをリサイクル・プラスチックでつくったり、生分解性プラスチックとしていく、といったところにまで踏み込んでプラスチックのあり方を変えていくことが、消費と生産を持続可能なパターンに変革することにつながっていく。

航空機や陸上交通量の減少に表れているように、新型コロナウイルス対策により、公共交通機関の利用が減った。周りを見ていると、交通量が減ったことも相まって、その代わりに、たまに通勤する際には自動車を利用する人も増えたようである。だとすれば、電気を燃料や動力とする自動車開発や購入を促したり、そういった自動車を動かすための再生可能エネルギーや水素エネルギー供給の促進に力点をおくことは、消費と生産を持続可能にするために、政策ができることである。COVID–19からの回復で必要なのは、こうして持続可能な社会へ舵を切ることで、予測できない次なる災難にも対応できる力強さを身に着けることである。

報告書では、実施手段とパートナーシップ（目標17）について言及するなかで、SDGs達成へ向けた活動の実施が、COVID–19によってより困難になったことに触れている。金融市場は不安定化し、コロナ拡大以降、史上最大の1000億ドルの資本が流出したという。また、2020年の世界貿易は13から32%のマイナス予測となった。さらに、健康、経済、社会の観点からデジタルデバイドが途上国にとってより切実な課題となったことも指摘された。

そして、パンデミックの世界規模という性格が、多国間主義の重要性を増したという。日本語では「多国間主義」と訳すことが多いが、英語では、マルチラテラリズム（multilateralism）の重要性が増したといっている。つまり、国に限らず、あらゆる主体の参加による問題解決の重要性である。一部の国で自国中心主義が過激化するなかで、世界規模の課題に対しては、すべての政府、民間、市民社会組織など、あらゆる人々の参加が必要になっている。

ポスト・コロナの道しるべ

国連事務総長による『SDGs進捗報告書』が示しているように、新型コロナウイルスは、SDGsの達成へ向けた道のりにもさまざまな影響を及ぼしている。重要なのは、パンデミックがグローバル化の負の側面をあぶりだすとともに、持続可能でない世界のありようもあぶりだしたという点である。あらゆる経済活動が抑制ないしはストップするというのは、そのこと自体、持続可能ではない。そのなかで明らかとなったのは、非正規雇用者や接客業従事者、シングルマザーといった弱い立場の人々が、より大きな影響を受けてしまう現実である。「だれ一人取り残されない」ためにあるSDGsが達成できていたら、そういった影響は緩和されていたであろう。テレワークへの対応や朝夕のラッシュ時の混雑の緩和も、働き方や雇用がSDGsにかなっていれば、もっとスムーズに進んでいただろう。教育へのインターネットやコンピュータの導入は、休校中の教育に活用できたであろう。それらは4・aの進捗を測る指標に掲げられている。そもそも感染症への対処はターゲット3・3に目標として掲げられ、ワクチンや医薬品の研究開発は3・bで目指されている。

SDGsへの対応が進んでいても、新型コロナウイルスの影響は避けられなかったかもしれないが、影響は確実に緩和されていただろう。

新型コロナウイルス対策の影響で、経済や社会は大きなダメージを受けた。対照的に、大気や海の環境は改善され、汚染も減った。ヴェネツィアの水が透明度を増したというのは象徴的だ。ポスト・コロナの挑戦は、大きなダメージを受けた立場の人々を優先しながら経済を回復させ、同時に環境の改善を継続し、さらに強化することにある。新型コロナウイルス対策によって進んだ働き方の改善や多様性の確保は、一気に変革定着へとつなげたい。風評などに起因する差別意識や人権侵害は根本から改善する必要がある。医療の質やアクセスの向上は、そもそも高齢化社会へ進むなかで重要だといわれていたことでもある。その点を踏まえてしっかりと整備する……

やるべきことは枚挙に暇がないが、そういった事柄がチェックリストのようにすべて書かれているのが、ＳＤＧｓである。グローバル化の負の側面を体現し、瞬く間に世界に広がってしまったのがコロナウイルスだ。これに対して、グローバル化を見直して、地域から持続可能な社会づくりをしていく視点をもとうというのは、ＳＤＧｓが地方創生の文脈で進めようとしていることである。そもそも宿主がいなければ生きていけないウイルスは、宿主が消滅の危機に瀕《ひん》したとき、別の宿主を探しはじめるという。つまり、パンデミックは行き過ぎた地球の破壊が引き起こしたという見方もできる。その修正の方向性もまた、ＳＤＧｓは示している。そして何よりも、ウイルスが助長し、あるいは分断した、人と人との関係を再構築する方向性も、ＳＤＧｓは示している。

カネ、ヒト、地球のいずれにおいても、コロナ後の世界こそ、ＳＤＧｓを道しるべとした、再生戦略を立てるべきときであろう。再生戦略は、政府や行政だけの仕事ではない。個々人の再生戦略でもある。その先の未来に進むために、ＳＤＧｓは重要な役割を担う。

あとがき

ＳＤＧｓという言葉を２０１１年に初めて聞いてから、間もなく9年を迎える。国際ワークショップ「箱根ヴィジョン・ファクトリー」の会場となった温泉宿に合流し、おそらく当時最年少で「ＳＤＧｓ」という言葉を耳にした長男も9歳になる。彼の成長を見ながら、ＳＤＧｓも成長していることを改めて実感する。

当時温泉につかりながら、ＳＤＧｓがグローバル・ガバナンスに及ぼす可能性を議論したことを思い出す。9年後のＳＤＧｓは、そのときに議論した方向に着実に進んでいると感じる。「目標ベースのガバナンス」は、21世紀のグローバル・ガバナンスを変える可能性を十分備えている。その真髄はこれからの時代、さらに発揮されることになるだろう。

２０１１年のワークショップは、本来はその年の春に、より大きな会議を開く予定だったものの代替物だった。3・11の影響で、そのころの東京に来たいと思う人がいなくなったことによる、苦渋の選択の結果、延期し、会議の規模も縮小して実施したものだった。「残念ながら、原発事故直後の東京に行きたいと思う人はいないと思う、延期しよう」メールでそうやり取りをした研究者仲間の言葉を今でも明確に思い出す。ただし、そのことが、ＳＤＧｓというアイディアをいち早く耳にすることにつながっていったのだから、何がどう転ぶのか、わからないものである。

それから9年後の今、全く違う原因で、東京に来られる人がいなくなっている。こんな歴史は繰り返されないほうが良いが、残念ながら、こうしたことが起こっているのが現実である。

4年前には、熊本の地震で、それまで折に触れ訪れていた父の実家が被災した。震源地から5キロメートルほどのところにあった家の中はごちゃごちゃになり、先祖代々の墓も倒壊した。結局それがきっかけとなり、熊本の家は手放すことになった。

時を超え、場所を変え、かたちを変え、さまざまな災害や、すさまじい変化が襲ってくることを個人のレベルでも実感するようになった。年齢がそう感じさせているのではなく、これは21世紀に入って「災害の時代」に入ってきたということなのであろう。

そんな時代だからこそ、ＳＤＧｓが意味をもってくる。先の見えない時代、予測のできない時代といわれるが、そんななかでも確実な未来の「世界のカタチ」がそこにはある。世界のすべての国が目指している目標があるということは、そのこと自体が希望の灯でもあり、人類の共通価値が映し出される鏡でもある。ルールをつくらずに自由に目標を目指すということは、多様性を尊重し、重視しながらも、自律・分散・協調的に物事を進める時代にもあっている。

そのためにこれから必要なことは、危機感をもつことである。なぜＳＤＧｓに取り組む必要があるのか、という質問を時々受けることがある。答えは、取り組まないと、人間と地球が崩壊してしまうからだ。そこまで危機的な状況にあるが、現象が地球規模で起こり、身近に感じられないものも多いため、どうしても危機感を忘れがちになる。

対策を後回しにした「つけ」が回ってくるのは、パンデミック対策でいやというほど経験した。パンデミックへの警鐘が鳴らされ、そのための準備を整えるべきだといわれていても、そこに十分目を向けてこなかった。同じ轍を踏まないように、SDGsで示される課題に対しては危機感をもって対処していくことが重要だ。

危機感をもてば、行動につながる。一人ができる行動は限られているが、個人レベルでも、組織の中の個人としても、危機意識をもって行動をすれば、それが集まった社会として大きな力となるというのは、同じく新型コロナウイルス対策で、実感をもって体験していることだ。周りの人々が感染しているかわからなくとも、感染していると想定してマスクをしたり、手洗い、うがいを励行する。その行動を個人や組織のレベルで徹底することで、対策がすすみ、緊急事態の解除にもつながる。

同じように危機感をもってSDGsに対応することができれば、人と地球の未来も開けてくる。これは、その先の未来にいくために、避けては通れない変革である。日本がいち早くその対応をするならば、日本が世界をリードできる。米国が内向きになっている今は、そのチャンスでもある。これまで大災害を乗り越えてきた日本の経験は、そうしたときにこそ生きてくるだろう。

より多くの人にSDGsの本当の意味を伝えたいと考えてから、すでに2年あまりが経過した。認知度が低い状況で出版の話を持ち掛けても、学術書以外ではなかなか興味をもってもらえないなかで、ようやく実現したのが本書である。今でこそＳＤＧｓに関する出版物が多数みられるようになってきたが、当時はまだあまり知られていないＳＤＧｓの新書出版の話に粘り強く取り組み、細かい点まで編集してくださった中公新書編集部の酒井孝博さんには心から感謝したい。そして、その酒井さんを紹介してくださった、慶應義塾大学の同僚の加藤文俊さんにも感謝したい。加藤さんは、筆者が学生時代に助手として教鞭《きょうべん》をふるっておられたこともあり、昔から先輩として親しみをもって慕ってきた方である。人とのつながりが、こうして本としてかたちになっていくというのは、書くことを仕事にしているものとしてこの上なくうれしいことである。

本書の仕上げの時期は、だれもが忘れもしない、２０２０年の春である。自宅にこもったこの時期、家族の顔を見ながら本書を仕上げた。両親から受け取り、子どもたちへとつなぐ命の大切さをここまで実感する時期もそうはないだろう。子どもたちが成長し、社会に出ようとするころまでに、なんとかＳＤＧｓを達成し、その先の未来に希望をもたせるのは、我々の世代の責任であり、そして、義務である。

そんな明るい未来へ向けて、本書を世に送り出したい。

２０２０年７月　ＳＤＧハウスの書斎にて

蟹江憲史

目的の共有という4点を挙げている。
(3)https://www.sumitomo-chem.co.jp/company/principles/sumitomo/（最終アクセス2020年5月）
(4)和田恵「SDGs達成に対する企業の貢献状況の評価：報告書を対象とした分析」2018年度修士論文
(5)最新情報は以下のサイトを参照のこと。https://sciencebasedtargets.org/
(6)千本倖生『あなたは人生をどう歩むか』中央公論新社、2018年
(7)詳しくは、http://xsdg.jp/ を参照のこと。
(8)詳しくは、http://xsdg.jp/ を参照のこと。

【第5章】
(1)https://www.kantei.go.jp/jp/singi/tiiki/kankyo/kaigi/dai18/sdgs_hyoka18_shiryo5.pdf

【第6章】
(1)提言は以下のホームページに掲載されている。https://www.kantei.go.jp/jp/singi/sdgs/entakukaigi_dai8/siryou2.pdf
(2)SDGs推進本部『SDGs実施指針改定版』2019年

国連SDGsサイト
https://www.un.org/sustainabledevelopment/

図版制作・関根美有

(3)Vandermoortele, J. (2011): "If not the Millennium Development Goals, then what?", *Third World Quarterly*, Vol.32, No.1, pp.9-25.
(4)Moss, T. (2010): "What next for the Millennium Development Goals?", *Global Policy*, Vol.1. Issue 2. pp.218-220.
蟹江憲史編『持続可能な開発目標とは何か――2030年へ向けた変革のアジェンダ』ミネルヴァ書房、2017年
(5)Griggs, D., Stafford-Smith, M., Gaffney, O., Rockström, J., Öhman, M. C., Shyamsundar, P., Steffen, W., Glaser, G., Kanie, N. and Noble, I. (2013): "Sustainable development goals for people and planet", *Nature*, vol.495, pp.305-307.

【第３章】

(1)https://www.jica.go.jp/aboutoda/sdgs/UHC.html
(2)内閣府男女共同参画局『男女共同参画白書 令和元年版』2018年
(3)厚生労働省「水道の基本統計」
(4)慶應義塾大学 SFC 研究 xSDG・ラボ編著『SDGs 白書2019』インプレス R&D、2019年
(5)WHO/UNICEF JMP (2019): *Progress on household drinking water, sanitation and hygiene 2000-2017. Special focus on inequalities.*
(6)https://www.lixil.co.jp/minnanitoirewopj/sato.htm
(7)https://newsrelease.lixil.co.jp/news/pdf/2019060401.pdf
(8)『SDGs 白書2019』
(9)『SDGs 白書2019』
(10)United Nations (2019): *Sustainable Development Goals Report 2019*
(11)*Sustainable Development Goals Report 2019*
(12)*Sustainable Development Goals Report 2019*
(13)*Sustainable Development Goals Report 2018*
(14)Global Impact Investing Network (2017): *Annual Impact Investor Survey 2017.*

【第４章】

(1)コトバンク『知恵蔵』
(2)なお、その他には、企業の持続可能性に関わる価値の向上、ステークホルダーとの関係強化、社会と市場の安定化、共通言語の使用と

注

【口絵】

(1)写真・新華社／アフロ

(2)https://www.stockholmresilience.org/research/research-news/2016-06-14-how-food-connects-all-the-SDGs.html

(3)2018年度『環境白書』

【第１章】

(1)I. W. ザートマン著、碓氷尊監訳、熊谷聡・蟹江憲史訳『多国間交渉の理論と応用』慶應義塾大学出版会、2000年

(2)Sachs, J., Schmidt-Traub, G., Kroll, C., Lafortune, G. and Fuller, G.（2019）: *Sustainable Development Report 2019*, New York: Bertelsmann Stiftung and Sustainable Development Solutions Network（SDSN）.

(3)Nilson, M., Griggs, D. and Visbeck, M.（2016）: “Map the interaction between Sustainable Development Goals”, *Nature*, Vol.534, pp.320-322.

(4)ICSU（2017）: *A Guide to SDG Interactions from Science to Implementation*, Paris: International Council for Science.

【第２章】

(1)詳細は以下を参照のこと。J. ロックストローム、M. クルム著、武内和彦・石井菜穂子監修、谷淳也・森秀行訳『小さな地球の大きな世界——プラネタリー・バウンダリーと持続可能な開発』丸善出版、2018年

(2)Kanie, N., Betsill, M., Zondervan, R., Biermann, F. and Young, O. R.（2012）: “A charter moment: Restructuring governance for sustainability”, *Public Administration and Development*, Vol.32, pp.292-304.

Biermann, F., Kanie, N., et al.（2012）: “Navigating the anthropocene: Improving earth system governance”, *Science*, Vol.335, No.6074, 1306-1307.

(※4)ドーハ開発ラウンド：2001年11月のドーハ閣僚会議で開始が決定された、世界貿易機関（WTO）発足後初となるラウンドのこと。閣僚会議の開催場所（カタールの首都ドーハ）にちなんで「ドーハ・ラウンド」と呼ばれるが、正式には「ドーハ開発アジェンダ」と言う。

(※5)デリバティブ：株式、債券、為替などの元になる金融商品（原資産）から派生して誕生した金融商品のこと。

(※6)顧みられない熱帯病：おもに熱帯地域で蔓延する寄生虫や細菌感染症のこと。

(※7)ユニバーサル・ヘルス・カバレッジ（UHC）：すべての人々が、基礎的な保健サービスを必要なときに負担可能な費用で受けられること。

(※8)エンパワーメント：1人ひとりが、自らの意思で決定をし、状況を変革していく力を身につけること。

(※9)エネルギーミックス：エネルギー（おもに電力）を生み出す際の、発生源となる石油、石炭、原子力、天然ガス、水力、地熱、太陽熱など一次エネルギーの組み合わせ、配分、構成比のこと。

(※10)バリューチェーン：企業活動における業務の流れを、調達、製造、販売、保守などと機能単位に分割してとらえ、各機能単位が生み出す価値を分析して最大化することを目指す考え方。

(※11)最大持続生産量：生物資源を減らすことなく得られる最大限の収獲のこと。おもにクジラを含む水産資源を対象に発展してきた資源管理概念。最大維持可能漁獲量とも言う。

(※12)「我々の求める未来」：2012年6月にブラジルのリオデジャネイロで開催された「国連持続可能な開発会議」（リオ＋20）で採択された成果文書。「The Future We Want」。

(※13)生態系サービス：生物・生態系に由来し、人間にとって利益となる機能のこと。

(※14)優占種：生物群集で、量が特に多くて影響力が大きく、その群集の特徴を決定づけ代表する種。

(※15)GNI：Gross National Income の頭文字を取ったもので、居住者が1年間に国内外から受け取った所得の合計のこと。国民総所得。

システム上の課題

政策・制度的整合性

17.13 政策協調や首尾一貫した政策などを通じて、世界的なマクロ経済の安定性を高める。

17.14 持続可能な開発のための政策の一貫性を強める。

17.15 貧困解消と持続可能な開発のための政策を確立・実施するために、各国が政策を決定する余地と各国のリーダーシップを尊重する。

マルチステークホルダー・パートナーシップ

17.16 すべての国々、特に開発途上国において「持続可能な開発目標（SDGs）」の達成を支援するために、知識、専門的知見、技術、資金源を動員・共有するマルチステークホルダー・パートナーシップによって補完される、「持続可能な開発のためのグローバル・パートナーシップ」を強化する。

17.17 さまざまなパートナーシップの経験や資源戦略にもとづき、効果的な公的、官民、市民社会のパートナーシップを奨励し、推進する。

データ、モニタリング、説明責任

17.18 2020年までに、所得、ジェンダー、年齢、人種、民族、在留資格、障害、地理的位置、各国事情に関連するその他の特性によって細分類された、質が高くタイムリーで信頼性のあるデータを大幅に入手しやすくするために、後発開発途上国や小島嶼開発途上国を含む開発途上国に対する能力構築の支援を強化する。

17.19 2030年までに、持続可能な開発の進捗状況を測る、GDPを補完する尺度の開発に向けた既存の取り組みをさらに強化し、開発途上国における統計に関する能力構築を支援する。

（※１）極度の貧困の定義は、2015年10月に１日1.90ドル未満に修正されている。

（※２）適正技術：技術が適用される国・地域の経済的・社会的・文化的な環境や条件、ニーズに合致した技術のこと。

（※３）レジリエンス：回復力、立ち直る力、復元力、耐性、しなやかな強さなどを意味する。「レジリエント」は形容詞。

技術

17.6 科学技術イノベーション（STI）に関する南北協力や南南協力、地域的・国際的な三角協力、および科学技術イノベーションへのアクセスを強化する。国連レベルをはじめとする既存のメカニズム間の調整を改善することや、全世界的な技術促進メカニズムなどを通じて、相互に合意した条件で知識の共有を進める。

17.7 譲許的・特恵的条件を含め、相互に合意した有利な条件のもとで、開発途上国に対し、環境に配慮した技術の開発、移転、普及、拡散を促進する。

17.8 2017年までに、後発開発途上国のための技術バンクや科学技術イノベーション能力構築メカニズムの本格的な運用を開始し、実現技術、特に情報通信技術（ICT）の活用を強化する。

能力構築

17.9 「持続可能な開発目標（SDGs）」をすべて実施するための国家計画を支援するために、南北協力、南南協力、三角協力などを通じて、開発途上国における効果的で対象を絞った能力構築の実施に対する国際的な支援を強化する。

貿易

17.10 ドーハ・ラウンド（ドーハ開発アジェンダ＝DDA）の交渉結果などを通じ、世界貿易機関（WTO）のもと、普遍的でルールにもとづいた、オープンで差別的でない、公平な多角的貿易体制を推進する。

17.11 2020年までに世界の輸出に占める後発開発途上国のシェアを倍にすることを特に視野に入れて、開発途上国の輸出を大幅に増やす。

17.12 世界貿易機関（WTO）の決定に矛盾しない形で、後発開発途上国からの輸入に対する特恵的な原産地規則が、透明・簡略的で、市場アクセスの円滑化に寄与するものであると保障することなどにより、すべての後発開発途上国に対し、永続的な無税・無枠の市場アクセスをタイムリーに導入する。

16.8 グローバル・ガバナンスのしくみへの開発途上国の参加を拡大・強化する。

16.9 2030年までに、出生登録を含む法的な身分証明をすべての人々に提供する。

16.10 国内法規や国際協定に従い、だれもが情報を利用できるようにし、基本的自由を保護する。

16.a 暴力を防ぎ、テロリズムや犯罪に立ち向かうために、特に開発途上国で、あらゆるレベルでの能力向上のため、国際協力などを通じて関連する国家機関を強化する。

16.b 持続可能な開発のための差別的でない法律や政策を推進し施行する。

目標17. 実施手段を強化し、「持続可能な開発のためのグローバル・パートナーシップ」を活性化する

資金

17.1 税金・その他の歳入を徴収する国内の能力を向上させるため、開発途上国への国際支援などを通じて、国内の資金調達を強化する。

17.2 開発途上国に対する政府開発援助（ODA）をGNI(※15)比0.7%、後発開発途上国に対するODAをGNI比0.15～0.20%にするという目標を達成するとした多くの先進国による公約を含め、先進国はODAに関する公約を完全に実施する。ODA供与国は、少なくともGNI比0.20%のODAを後発開発途上国に供与するという目標の設定を検討するよう奨励される。

17.3 開発途上国のための追加的な資金を複数の財源から調達する。

17.4 必要に応じて、負債による資金調達、債務救済、債務再編などの促進を目的とした協調的な政策を通じ、開発途上国の長期的な債務の持続可能性の実現を支援し、債務リスクを軽減するために重債務貧困国（HIPC）の対外債務に対処する。

17.5 後発開発途上国のための投資促進枠組みを導入・実施する。

が陸や海の生態系に及ぼす影響を大幅に減らすための対策を導入し、優占種(※14)を制御または一掃する。

15.9 2020年までに、生態系と生物多様性の価値を、国や地域の計画策定、開発プロセス、貧困削減のための戦略や会計に組み込む。

15.a 生物多様性および生態系の保全と持続的な利用のために、あらゆる資金源から資金を調達し大幅に増やす。

15.b 持続可能な森林管理に資金を提供するために、あらゆる供給源からあらゆるレベルで相当量の資金を調達し、保全や再植林を含む森林管理を推進するのに十分なインセンティブを開発途上国に与える。

15.c 地域コミュニティが持続的な生計機会を追求する能力を高めることなどにより、保護種の密猟や違法な取引を食い止める取り組みへの世界規模の支援を強化する。

目標16.　持続可能な開発のための平和でだれをも受け入れる社会を促進し、すべての人々が司法を利用できるようにし、あらゆるレベルにおいて効果的で説明責任がありだれも排除しないしくみを構築する

16.1 すべての場所で、あらゆる形態の暴力と暴力関連の死亡率を大幅に減らす。

16.2 子どもに対する虐待、搾取、人身売買、あらゆる形態の暴力、そして子どもの拷問をなくす。

16.3 国および国際的なレベルでの法の支配を促進し、すべての人々が平等に司法を利用できるようにする。

16.4 2030年までに、違法な資金の流れや武器の流通を大幅に減らし、奪われた財産の回収や返還を強化し、あらゆる形態の組織犯罪を根絶する。

16.5 あらゆる形態の汚職や贈賄を大幅に減らす。

16.6 あらゆるレベルにおいて、効果的で説明責任があり透明性の高いしくみを構築する。

16.7 あらゆるレベルにおいて、対応が迅速で、だれも排除しない、参加型・代議制の意思決定を保障する。

できるようにする。

14.c 「我々の求める未来」(※12)の第158パラグラフで想起されるように、海洋や海洋資源の保全と持続可能な利用のための法的枠組みを規定する「海洋法に関する国際連合条約（UNCLOS）」に反映されている国際法を施行することにより、海洋や海洋資源の保全と持続可能な利用を強化する。

目標15. 陸の生態系を保護・回復するとともに持続可能な利用を推進し、持続可能な森林管理を行い、砂漠化を食い止め、土地劣化を阻止・回復し、生物多様性の損失を止める

15.1 2020年までに、国際的合意にもとづく義務により、陸域・内陸淡水生態系とそのサービス(※13)、特に森林、湿地、山地、乾燥地の保全と回復、持続可能な利用を確実なものにする。

15.2 2020年までに、あらゆる種類の森林の持続可能な経営の実施を促進し、森林減少を止め、劣化した森林を回復させ、世界全体で新規植林と再植林を大幅に増やす。

15.3 2030年までに、砂漠化を食い止め、砂漠化や干ばつ、洪水の影響を受けた土地を含む劣化した土地と土壌を回復させ、土地劣化を引き起こさない世界の実現に尽力する。

15.4 2030年までに、持続可能な開発に不可欠な恩恵をもたらす能力を高めるため、生物多様性を含む山岳生態系の保全を確実に行う。

15.5 自然生息地の劣化を抑え、生物多様性の損失を止め、2020年までに絶滅危惧種を保護して絶滅を防ぐため、緊急かつ有効な対策を取る。

15.6 国際合意にもとづき、遺伝資源の利用から生じる利益の公正・公平な配分を促進し、遺伝資源を取得する適切な機会を得られるようにする。

15.7 保護の対象となっている動植物種の密猟や違法取引をなくすための緊急対策を実施し、違法な野生生物製品の需要と供給の両方に対処する。

15.8 2020年までに、外来種の侵入を防ぐとともに、これらの外来種

目標14. 持続可能な開発のために、海洋や海洋資源を保全し持続可能な形で利用する

14.1 2025年までに、海洋堆積物や富栄養化を含め、特に陸上活動からの汚染による、あらゆる種類の海洋汚染を防ぎ大幅に減らす。

14.2 2020年までに、重大な悪影響を回避するため、レジリエンスを高めることなどによって海洋・沿岸の生態系を持続的な形で管理・保護する。また、健全で豊かな海洋を実現するため、生態系の回復に向けた取り組みを行う。

14.3 あらゆるレベルでの科学的協力を強化するなどして、海洋酸性化の影響を最小限に抑え、その影響に対処する。

14.4 2020年までに、漁獲を効果的に規制し、過剰漁業や違法・無報告・無規制（IUU）漁業、破壊的な漁業活動を終わらせ、科学的根拠にもとづいた管理計画を実施する。これにより、水産資源を、実現可能な最短期間で、少なくとも各資源の生物学的特性によって定められる最大持続生産量(※11)のレベルまで回復させる。

14.5 2020年までに、国内法や国際法に従い、最大限入手可能な科学情報にもとづいて、沿岸域・海域の少なくとも10%を保全する。

14.6 2020年までに、過剰漁獲能力や過剰漁獲につながる特定の漁業補助金を禁止し、違法・無報告・無規制（IUU）漁業につながる補助金を完全になくし、同様の新たな補助金を導入しない。その際、開発途上国や後発開発途上国に対する適切で効果的な「特別かつ異なる待遇（S&D）」が、世界貿易機関（WTO）漁業補助金交渉の不可欠な要素であるべきだと認識する。

14.7 2030年までに、漁業や水産養殖、観光業の持続可能な管理などを通じて、海洋資源の持続的な利用による小島嶼開発途上国や後発開発途上国の経済的便益を増やす。

14.a 海洋の健全性を改善し、海の生物多様性が、開発途上国、特に小島嶼開発途上国や後発開発途上国の開発にもたらす貢献を高めるために、「海洋技術の移転に関するユネスコ政府間海洋学委員会の基準・ガイドライン」を考慮しつつ、科学的知識を高め、研究能力を向上させ、海洋技術を移転する。

14.b 小規模で伝統的漁法の漁業者が、海洋資源を利用し市場に参入

12.b 雇用創出や地域の文化振興・産品販促につながる持続可能な観光業に対して、持続可能な開発がもたらす影響を測定する手法を開発・導入する。

12.c 税制を改正し、有害な補助金がある場合は環境への影響を考慮して段階的に廃止するなど、各国の状況に応じて市場のひずみをなくすことで、無駄な消費につながる化石燃料への非効率な補助金を合理化する。その際には、開発途上国の特別なニーズや状況を十分に考慮し、貧困層や影響を受けるコミュニティを保護する形で、開発における悪影響を最小限に留める。

目標13. 気候変動とその影響に立ち向かうため、緊急対策を実施する*

13.1 すべての国々で、気候関連の災害や自然災害に対するレジリエンスと適応力を強化する。

13.2 気候変動対策を、国の政策や戦略、計画に統合する。

13.3 気候変動の緩和策と適応策、影響の軽減、早期警戒に関する教育、啓発、人的能力、組織の対応能力を改善する。

13.a 重要な緩和行動と、その実施における透明性確保に関する開発途上国のニーズに対応するため、2020年までにあらゆる供給源から年間1,000億ドルを共同で調達するという目標への、国連気候変動枠組条約（UNFCCC）を締約した先進国によるコミットメントを実施し、可能な限り早く資本を投入して「緑の気候基金」の本格的な運用を開始する。

13.b 女性や若者、地域コミュニティや社会の主流から取り残されたコミュニティに焦点をあてることを含め、後発開発途上国や小島嶼開発途上国で、気候変動関連の効果的な計画策定・管理の能力を向上させるしくみを推進する。

＊国連気候変動枠組条約（UNFCCC）が、気候変動への世界的な対応について交渉を行う最優先の国際的政府間対話の場であると認識している。

た総合的政策・計画を導入・実施する都市や集落の数を大幅に増やし、「仙台防災枠組 2015-2030」に沿って、あらゆるレベルで総合的な災害リスク管理を策定し実施する。

11.c 財政・技術支援などを通じ、現地の資材を用いた持続可能でレジリエントな建物の建築について、後発開発途上国を支援する。

目標12. 持続可能な消費・生産形態を確実にする

12.1 先進国主導のもと、開発途上国の開発状況や能力を考慮しつつ、すべての国々が行動を起こし、「持続可能な消費と生産に関する10年計画枠組み（10YFP）」を実施する。

12.2 2030年までに、天然資源の持続可能な管理と効率的な利用を実現する。

12.3 2030年までに、小売・消費者レベルにおける世界全体の１人あたり食品廃棄を半分にし、収穫後の損失を含めて生産・サプライチェーンにおける食品ロスを減らす。

12.4 2020年までに、合意された国際的な枠組みに従い、製品ライフサイクル全体を通して化学物質や廃棄物の環境に配慮した管理を実現し、人の健康や環境への悪影響を最小限に抑えるため、大気、水、土壌への化学物質や廃棄物の放出を大幅に減らす。

12.5 2030年までに、廃棄物の発生を、予防、削減（リデュース)、再生利用（リサイクル）や再利用（リユース）により大幅に減らす。

12.6 企業、特に大企業や多国籍企業に対し、持続可能な取り組みを導入し、持続可能性に関する情報を定期報告に盛り込むよう促す。

12.7 国内の政策や優先事項に従って、持続可能な公共調達の取り組みを促進する。

12.8 2030年までに、人々があらゆる場所で、持続可能な開発や自然と調和したライフスタイルのために、適切な情報が得られ意識がもてるようにする。

12.a より持続可能な消費・生産形態に移行するため、開発途上国の科学的・技術的能力の強化を支援する。

10.c　2030年までに、移民による送金のコストを3%未満に引き下げ、コストが5%を超える送金経路を完全になくす。

目標11.　都市や人間の居住地をだれも排除せず安全かつレジリエントで持続可能にする

11.1　2030年までに、すべての人々が、適切で安全・安価な住宅と基本的サービスを確実に利用できるようにし、スラムを改善する。
11.2　2030年までに、弱い立場にある人々、女性、子ども、障害者、高齢者のニーズに特に配慮しながら、とりわけ公共交通機関の拡大によって交通の安全性を改善して、すべての人々が、安全で、手頃な価格の、使いやすく持続可能な輸送システムを利用できるようにする。
11.3　2030年までに、すべての国々で、だれも排除しない持続可能な都市化を進め、参加型で差別のない持続可能な人間居住を計画・管理する能力を強化する。
11.4　世界の文化遺産・自然遺産を保護・保全する取り組みを強化する。
11.5　2030年までに、貧困層や弱い立場にある人々の保護に焦点を当てながら、水関連災害を含め、災害による死者や被災者の数を大きく減らし、世界のGDP比における直接的経済損失を大幅に縮小する。
11.6　2030年までに、大気環境や、自治体などによる廃棄物の管理に特に注意することで、都市の1人あたりの環境上の悪影響を小さくする。
11.7　2030年までに、すべての人々、特に女性、子ども、高齢者、障害者などが、安全でだれもが使いやすい緑地や公共スペースを利用できるようにする。
11.a　各国・各地域の開発計画を強化することにより、経済・社会・環境面における都市部、都市周辺部、農村部の間の良好なつながりをサポートする。
11.b　2020年までに、すべての人々を含むことを目指し、資源効率、気候変動の緩和と適応、災害に対するレジリエンスを目的とし特に産業の多様化を促し商品の価値を高めるための政策環境を保障することなどによって支援する。

9.c 情報通信技術（ICT）へのアクセスを大幅に増やし、2020年までに、後発開発途上国でだれもが当たり前のようにインターネットを使えるようにする。

目標10. 国内および各国間の不平等を減らす

10.1 2030年までに、各国の所得下位40%の人々の所得の伸び率を、国内平均を上回る数値で着実に達成し維持する。

10.2 2030年までに、年齢、性別、障害、人種、民族、出自、宗教、経済的地位やその他の状況にかかわらず、すべての人々に社会的・経済的・政治的に排除されず参画できる力を与え、その参画を推進する。

10.3 差別的な法律や政策、慣行を撤廃し、関連する適切な立法や政策、行動を推進することによって、機会均等を確実にし、結果の不平等を減らす。

10.4 財政、賃金、社会保障政策といった政策を重点的に導入し、さらなる平等を着実に達成する。

10.5 世界の金融市場と金融機関に対する規制とモニタリングを改善し、こうした規制の実施を強化する。

10.6 より効果的で信頼でき、説明責任のある正当な制度を実現するため、地球規模の経済および金融に関する国際機関での意思決定における開発途上国の参加や発言力を強める。

10.7 計画的でよく管理された移住政策の実施などにより、秩序のとれた、安全かつ正規の、責任ある移住や人の移動を促進する。

10.a 世界貿易機関（WTO）協定に従い、開発途上国、特に後発開発途上国に対して「特別かつ異なる待遇（S&D）」の原則を適用する。

10.b 各国の国家計画やプログラムに従って、ニーズが最も大きい国々、特に後発開発途上国、アフリカ諸国、小島嶼開発途上国、内陸開発途上国に対し、政府開発援助（ODA）や海外直接投資を含む資金の流入を促進する。

8.a 「後発開発途上国への貿易関連技術支援のための拡大統合フレームワーク（EIF）」などを通じて、開発途上国、特に後発開発途上国に対する「貿易のための援助（AfT）」を拡大する。
8.b 2020年までに、若者の雇用のために世界規模の戦略を展開・運用可能にし、国際労働機関（ILO）の「仕事に関する世界協定」を実施する。

目標9．レジリエントなインフラを構築し、だれもが参画できる持続可能な産業化を促進し、イノベーションを推進する

9.1 経済発展と人間の幸福をサポートするため、すべての人々が容易かつ公平に利用できることに重点を置きながら、地域内および国境を越えたインフラを含む、質が高く信頼性があり持続可能でレジリエントなインフラを開発する。
9.2 だれもが参画できる持続可能な産業化を促進し、2030年までに、各国の状況に応じて雇用やGDPに占める産業セクターの割合を大幅に増やす。後発開発途上国ではその割合を倍にする。
9.3 より多くの小規模製造業やその他の企業が、特に開発途上国で、利用しやすい融資などの金融サービスを受けることができ、バリューチェーン(※10)や市場に組み込まれるようにする。
9.4 2030年までに、インフラを改良し持続可能な産業につくり変える。そのために、すべての国々が自国の能力に応じた取り組みを行いながら、資源利用効率の向上とクリーンで環境に配慮した技術・産業プロセスの導入を拡大する。
9.5 2030年までに、開発途上国をはじめとするすべての国々で科学研究を強化し、産業セクターの技術能力を向上させる。そのために、イノベーションを促進し、100万人あたりの研究開発従事者の数を大幅に増やし、官民による研究開発費を増加する。
9.a アフリカ諸国、後発開発途上国、内陸開発途上国、小島嶼開発途上国への金融・テクノロジー・技術の支援強化を通じて、開発途上国における持続可能でレジリエントなインフラ開発を促進する。
9.b 開発途上国の国内における技術開発、研究、イノベーションを、

目標8．　すべての人々にとって、持続的でだれも排除しない持続可能な経済成長、完全かつ生産的な雇用、働きがいのある人間らしい仕事（ディーセント・ワーク）を促進する

8.1　各国の状況に応じて、1人あたりの経済成長率を持続させ、特に後発開発途上国では少なくとも年率7％のGDP成長率を保つ。

8.2　高付加価値セクターや労働集約型セクターに重点を置くことなどにより、多様化や技術向上、イノベーションを通じて、より高いレベルの経済生産性を達成する。

8.3　生産的な活動、働きがいのある人間らしい職の創出、起業家精神、創造性やイノベーションを支援する開発重視型の政策を推進し、金融サービスの利用などを通じて中小零細企業の設立や成長を促す。

8.4　2030年までに、消費と生産における世界の資源効率を着実に改善し、先進国主導のもと、「持続可能な消費と生産に関する10カ年計画枠組み」に従って、経済成長が環境悪化につながらないようにする。

8.5　2030年までに、若者や障害者を含むすべての女性と男性にとって、完全かつ生産的な雇用と働きがいのある人間らしい仕事（ディーセント・ワーク）を実現し、同一労働同一賃金を達成する。

8.6　2020年までに、就労、就学、職業訓練のいずれも行っていない若者の割合を大幅に減らす。

8.7　強制労働を完全になくし、現代的奴隷制と人身売買を終わらせ、子ども兵士の募集・使用を含めた、最悪な形態の児童労働を確実に禁止・撤廃するための効果的な措置をただちに実施し、2025年までにあらゆる形態の児童労働をなくす。

8.8　移住労働者、特に女性の移住労働者や不安定な雇用状態にある人々を含め、すべての労働者を対象に、労働基本権を保護し安全・安心な労働環境を促進する。

8.9　2030年までに、雇用創出や各地の文化振興・産品販促につながる、持続可能な観光業を推進する政策を立案・実施する。

8.10　すべての人々が銀行取引、保険、金融サービスを利用できるようにするため、国内の金融機関の能力を強化する。

らゆるレベルでの統合水資源管理を実施する。

6.6 2020年までに、山地、森林、湿地、河川、帯水層、湖沼を含めて、水系生態系の保護・回復を行う。

6.a 2030年までに、集水、海水の淡水化、効率的な水利用、排水処理、再生利用や再利用の技術を含め、水・衛生分野の活動や計画において、開発途上国に対する国際協力と能力構築の支援を拡大する。

6.b 水・衛生管理の向上に地域コミュニティが関わることを支援し強化する。

目標7. すべての人々が、手頃な価格で信頼性の高い持続可能で現代的なエネルギーを利用できるようにする

7.1 2030年までに、手頃な価格で信頼性の高い現代的なエネルギーサービスをすべての人々が利用できるようにする。

7.2 2030年までに、世界のエネルギーミックス(※9)における再生可能エネルギーの割合を大幅に増やす。

7.3 2030年までに、世界全体のエネルギー効率の改善率を倍増させる。

7.a 2030年までに、再生可能エネルギー、エネルギー効率、先進的でより環境負荷の低い化石燃料技術など、クリーンなエネルギーの研究や技術の利用を進めるための国際協力を強化し、エネルギー関連インフラとクリーンエネルギー技術への投資を促進する。

7.b 2030年までに、各支援プログラムに沿って、開発途上国、特に後発開発途上国や小島嶼開発途上国、内陸開発途上国において、すべての人々に現代的で持続可能なエネルギーサービスを提供するためのインフラを拡大し、技術を向上させる。

介護や家事労働を認識し評価する。

5.5 政治、経済、公共の場でのあらゆるレベルの意思決定において、完全で効果的な女性の参画と平等なリーダーシップの機会を確保する。

5.6 国際人口開発会議（ICPD）の行動計画と、北京行動綱領およびその検証会議の成果文書への合意にもとづき、性と生殖に関する健康と権利をだれもが手に入れられるようにする。

5.a 女性が経済的資源に対する平等の権利を得るとともに、土地・その他の財産、金融サービス、相続財産、天然資源を所有・管理できるよう、各国法にもとづき改革を行う。

5.b 女性のエンパワーメント(※8)を促進するため、実現技術、特に情報通信技術（ICT）の活用を強化する。

5.c ジェンダー平等の促進と、すべての女性・少女のあらゆるレベルにおけるエンパワーメントのため、適正な政策や拘束力のある法律を導入し強化する。

目標6． すべての人々が水と衛生施設を利用できるようにし、持続可能な水・衛生管理を確実にする

6.1 2030年までに、すべての人々が等しく、安全で入手可能な価格の飲料水を利用できるようにする。

6.2 2030年までに、女性や少女、状況の変化の影響を受けやすい人々のニーズに特に注意を向けながら、すべての人々が適切・公平に下水施設・衛生施設を利用できるようにし、屋外での排泄をなくす。

6.3 2030年までに、汚染を減らし、投棄をなくし、有害な化学物質や危険物の放出を最小化し、未処理の排水の割合を半減させ、再生利用と安全な再利用を世界中で大幅に増やすことによって、水質を改善する。

6.4 2030年までに、水不足に対処し、水不足の影響を受ける人々の数を大幅に減らすために、あらゆるセクターで水の利用効率を大幅に改善し、淡水の持続可能な採取・供給を確実にする。

6.5 2030年までに、必要に応じて国境を越えた協力などを通じ、あ

にする。
4.6 2030年までに、すべての若者と大多数の成人が、男女ともに、読み書き能力と基本的な計算能力を身につけられるようにする。
4.7 2030年までに、すべての学習者が、とりわけ持続可能な開発のための教育と、持続可能なライフスタイル、人権、ジェンダー平等、平和と非暴力文化の推進、グローバル・シチズンシップ(＝地球市民の精神)、文化多様性の尊重、持続可能な開発に文化が貢献することの価値認識、などの教育を通して、持続可能な開発を促進するために必要な知識とスキルを確実に習得できるようにする。
4.a 子どもや障害のある人々、ジェンダーに配慮の行き届いた教育施設を建設・改良し、すべての人々にとって安全で、暴力がなく、だれもが利用できる、効果的な学習環境を提供する。
4.b 2020年までに、先進国やその他の開発途上国で、職業訓練、情報通信技術（ICT)、技術・工学・科学プログラムなどを含む高等教育を受けるための、開発途上国、特に後発開発途上国や小島嶼開発途上国、アフリカ諸国を対象とした奨学金の件数を全世界で大幅に増やす。
4.c 2030年までに、開発途上国、特に後発開発途上国や小島嶼開発途上国における教員養成のための国際協力などを通じて、資格をもつ教員の数を大幅に増やす。

目標5．ジェンダー平等を達成し、すべての女性・少女のエンパワーメントを行う

5.1 あらゆる場所で、すべての女性・少女に対するあらゆる形態の差別をなくす。
5.2 人身売買や性的・その他の搾取を含め、公的・私的な場で、すべての女性・少女に対するあらゆる形態の暴力をなくす。
5.3 児童婚、早期結婚、強制結婚、女性性器切除など、あらゆる有害な慣行をなくす。
5.4 公共サービス、インフラ、社会保障政策の提供や、各国の状況に応じた世帯・家族内での責任分担を通じて、無報酬の育児・

3.b おもに開発途上国に影響を及ぼす感染性や非感染性疾患のワクチンや医薬品の研究開発を支援する。また、「TRIPS協定（知的所有権の貿易関連の側面に関する協定）と公衆の健康に関するドーハ宣言」に従い、安価な必須医薬品やワクチンが利用できるようにする。同宣言は、公衆衛生を保護し、特にすべての人々が医薬品を利用できるようにするために「TRIPS協定」の柔軟性に関する規定を最大限に行使する開発途上国の権利を認めるものである。

3.c 開発途上国、特に後発開発途上国や小島嶼開発途上国で、保健財政や、保健人材の採用、能力開発、訓練、定着を大幅に拡大する。

3.d すべての国々、特に開発途上国で、国内および世界で発生する健康リスクの早期警告やリスク軽減・管理のための能力を強化する。

目標4．すべての人々に、だれもが受けられる公平で質の高い教育を提供し、生涯学習の機会を促進する

4.1 2030年までに、すべての少女と少年が、適切で効果的な学習成果をもたらす、無償かつ公正で質の高い初等教育・中等教育を修了できるようにする。

4.2 2030年までに、すべての少女と少年が、初等教育を受ける準備が整うよう、乳幼児向けの質の高い発達支援やケア、就学前教育を受けられるようにする。

4.3 2030年までに、すべての女性と男性が、手頃な価格で質の高い技術教育や職業教育、そして大学を含む高等教育を平等に受けられるようにする。

4.4 2030年までに、就職や働きがいのある人間らしい仕事、起業に必要な、技術的・職業的スキルなどの技能をもつ若者と成人の数を大幅に増やす。

4.5 2030年までに、教育におけるジェンダー格差をなくし、障害者、先住民、状況の変化の影響を受けやすい子どもなど、社会的弱者があらゆるレベルの教育や職業訓練を平等に受けられるよう

バティブ(※5)市場が適正に機能するように対策を取り、食料備蓄などの市場情報がタイムリーに入手できるようにする。

目標3．あらゆる年齢のすべての人々の健康的な生活を確実にし、福祉を推進する

3.1 2030年までに、世界の妊産婦の死亡率を出生10万人あたり70人未満にまで下げる。

3.2 2030年までに、すべての国々が、新生児の死亡率を出生1000人あたり12人以下に、5歳未満児の死亡率を出生1000人あたり25人以下に下げることを目指し、新生児と5歳未満児の防ぐことができる死亡をなくす。

3.3 2030年までに、エイズ、結核、マラリア、顧みられない熱帯病(※6)といった感染症を根絶し、肝炎、水系感染症、その他の感染症に立ち向かう。

3.4 2030年までに、非感染性疾患による早期死亡率を予防や治療により3分の1減らし、心の健康と福祉を推進する。

3.5 麻薬・薬物乱用や有害なアルコール摂取の防止や治療を強化する。

3.6 2020年までに、世界の道路交通事故による死傷者の数を半分に減らす。

3.7 2030年までに、家族計画や情報・教育を含む性と生殖に関する保健サービスをすべての人々が確実に利用できるようにし、性と生殖に関する健康（リプロダクティブ・ヘルス）を国家戦略・計画に確実に組み入れる。

3.8 すべての人々が、経済的リスクに対する保護、質が高く不可欠な保健サービスや、安全・効果的で質が高く安価な必須医薬品やワクチンを利用できるようになることを含む、ユニバーサル・ヘルス・カバレッジ（UHC）(※7)を達成する。

3.9 2030年までに、有害化学物質や大気・水質・土壌の汚染による死亡や疾病の数を大幅に減らす。

3.a すべての国々で適切に、たばこの規制に関する世界保健機関枠組条約の実施を強化する。

目標2．　飢餓を終わらせ、食料の安定確保と栄養状態の改善を実現し、持続可能な農業を促進する

2.1　2030年までに、飢餓をなくし、すべての人々、特に貧困層や乳幼児を含む状況の変化の影響を受けやすい人々が、安全で栄養のある十分な食料を1年を通して得られるようにする。

2.2　2030年までに、あらゆる形態の栄養不良を解消し、成長期の女子、妊婦・授乳婦、高齢者の栄養ニーズに対処する。2025年までに5歳未満の子どもの発育阻害や消耗性疾患について国際的に合意した目標を達成する。

2.3　2030年までに、土地、その他の生産資源や投入財、知識、金融サービス、市場、高付加価値化や農業以外の就業の機会に確実・平等にアクセスできるようにすることなどにより、小規模食料生産者、特に女性や先住民、家族経営の農家・牧畜家・漁家の生産性と所得を倍増させる。

2.4　2030年までに、持続可能な食料生産システムを確立し、レジリエントな農業を実践する。そのような農業は、生産性の向上や生産量の増大、生態系の維持につながり、気候変動や異常気象、干ばつ、洪水やその他の災害への適応能力を向上させ、着実に土地と土壌の質を改善する。

2.5　2020年までに、国、地域、国際レベルで適正に管理・多様化された種子・植物バンクなどを通じて、種子、栽培植物、家畜やその近縁野生種の遺伝的多様性を維持し、国際的合意にもとづき、遺伝資源やそれに関連する伝統的な知識の利用と、利用から生じる利益の公正・公平な配分を促進する。

2.a　開発途上国、特に後発開発途上国の農業生産能力を高めるため、国際協力の強化などを通じて、農村インフラ、農業研究・普及サービス、技術開発、植物・家畜の遺伝子バンクへの投資を拡大する。

2.b　ドーハ開発ラウンド(※4)の決議に従い、あらゆる形態の農産物輸出補助金と、同等の効果がある輸出措置を並行して撤廃することなどを通じて、世界の農産物市場における貿易制限やひずみを是正・防止する。

2.c　食料価格の極端な変動に歯止めをかけるため、食品市場やデリ

SDGsとターゲット新訳

＊本書に掲載したSDGsの目標とターゲットは、「SDGsとターゲット新訳」制作委員会（委員長：蟹江憲史、副委員長：川廷昌弘）で制作した新訳である。制作委員会の詳細は、慶應義塾大学SFC研究所xSDG・ラボのウェブサイト（http://xsdg.jp/）を参照のこと。

目標1．あらゆる場所で、あらゆる形態の貧困を終わらせる

1.1 2030年までに、現在のところ１日1.25ドル未満で生活する人々と定められている、極度の貧困(※1)をあらゆる場所で終わらせる。

1.2 2030年までに、各国で定められたあらゆる面で貧困状態にある全年齢の男女・子どもの割合を少なくとも半減させる。

1.3 すべての人々に対し、最低限の生活水準の達成を含む適切な社会保護制度や対策を各国で実施し、2030年までに貧困層や弱い立場にある人々に対し十分な保護を達成する。

1.4 2030年までに、すべての男女、特に貧困層や弱い立場にある人々が、経済的資源に対する平等の権利がもてるようにするとともに、基礎的サービス、土地やその他の財産に対する所有権と管理権限、相続財産、天然資源、適正な新技術(※2)、マイクロファイナンスを含む金融サービスが利用できるようにする。

1.5 2030年までに、貧困層や状況の変化の影響を受けやすい人々のレジリエンス(※3)を高め、極端な気候現象やその他の経済、社会、環境的な打撃や災難に見舞われたり被害を受けたりする危険度を小さくする。

1.a あらゆる面での貧困を終わらせるための計画や政策の実施を目指して、開発途上国、特に後発開発途上国に対して適切で予測可能な手段を提供するため、開発協力の強化などを通じ、さまざまな供給源から相当量の資源を確実に動員する。

1.b 貧困をなくす取り組みへの投資拡大を支援するため、貧困層やジェンダーを十分勘案した開発戦略にもとづく適正な政策枠組みを、国、地域、国際レベルでつくりだす。

蟹江憲史（かにえ・のりちか）

1969年，東京都生まれ．1994年慶應義塾大学総合政策学部卒業，2000年同大学大学院政策・メディア研究科博士課程単位取得退学．北九州市立大学講師，助教授，東京工業大学大学院准教授，パリ政治学院客員教授等を経て2015年より慶應義塾大学大学院政策・メディア研究科教授．同大学SFC研究所 xSDG・ラボ代表．国連持続可能な開発会議（リオ＋20）日本政府代表団顧問をはじめ，日本政府 SDGs推進本部円卓会議委員，内閣府自治体SDGs推進評価・調査検討会委員，環境省持続可能な開発目標（SDGs）ステークホルダーズ・ミーティング構成員等，SDGs関連を中心に政府委員を多数務める．専攻，国際関係論，サステナビリティ学．博士（政策・メディア）．

著書『地球環境外交と国内政策』（慶應義塾大学出版会，2001年）
『環境政治学入門 地球環境問題の国際的解決へのアプローチ』（丸善出版，2004年）
『持続可能な開発目標とは何か』（編著，ミネルヴァ書房，2017年）
『未来を変える目標　SDGsアイデアブック』（監修，紀伊國屋書店，2018年）
など

SDGs《えすでぃーじーず》（持続《じぞく》可能《かのう》な開発《かいはつ》目標《もくひょう》）
中公新書 *2604*

2020年８月25日初版
2022年１月30日12版

著　者　蟹江憲史
発行者　松田陽三

本文印刷　三晃印刷
カバー印刷　大熊整美堂
製　本　小泉製本

発行所　中央公論新社
〒100-8152
東京都千代田区大手町 1-7-1
電話　販売 03-5299-1730
　　　編集 03-5299-1830
URL https://www.chuko.co.jp/

Published by CHUOKORON-SHINSHA，INC.
Printed in Japan　ISBN978-4-12-102604-0 C1236

中公新書刊行のことば

いまからちょうど五世紀まえ、グーテンベルクが近代印刷術を発明したとき、書物の大量生産は潜在的可能性を獲得し、いまからちょうど一世紀まえ、世界のおもな文明国で義務教育制度が採用されたとき、書物の大量需要の潜在性が形成された。この二つの潜在性がはげしく現実化したのが現代である。

いまや、書物によって視野を拡大し、変りゆく世界に豊かに対応しようとする強い要求を私たちは抑えることができない。この要求にこたえる義務を、今日の書物は背負っている。だが、その義務は、たんに専門的知識の通俗化をはかることによって果たされるものでもなく、通俗的好奇心にうったえて、いたずらに発行部数の巨大さを誇ることによって果たされるものでもない。現代を真摯に生きようとする読者に、真に知るに価いする知識だけを選びだして提供すること、これが中公新書の最大の目標である。

私たちは、知識として錯覚しているものによってしばしば動かされ、裏切られる。私たちは、作為によってあたえられた知識のうえに生きることがあまりに多く、ゆるぎない事実を通して思索することがあまりにすくない。中公新書が、その一貫した特色として自らに課すものは、この事実のみの持つ無条件の説得力を発揮させることである。現代にあらたな意味を投げかけるべく待機している過去の歴史的事実もまた、中公新書によって数多く発掘されるであろう。

中公新書は、現代を自らの眼で見つめようとする、逞しい知的な読者の活力となることを欲している。

一九六二年一一月

中公新書

政治・法律

h1

中公新書

社会・生活 1